Sans Masques, Sans Peur

L'acte de révéler qui vous êtes dans un monde qui punit encore la différence.

Alina A. Rubi

Publié indépendamment

Auteur : Alina A. Rubí

Commissaire : Angeline Rubí

Personne-ressource : rubiediciones29@gmail.com

Dédicace

Pour ceux qui ont dû cacher une partie d'eux-mêmes pour survivre.

Pour ceux qui aiment différemment, rêvent étrangement, s'habillent sans permission, croient sans preuve ou pensent sans schémas.

Ceux qui ont été qualifiés de « trop », « trop peu », « faux » ou « dangereux » simplement pour être authentiques.

Ce livre est fait pour vous,

Parce que vivre à voix haute n'est pas une rébellion :

C'est la résistance, la vérité et un acte d'amour-propre.

Introduction

Il y a des moments dans la vie où vous vous regardez dans le miroir et ne vous reconnaissez pas. Non pas parce que son visage a changé, mais parce qu'il s'est brouillé à l'intérieur. À force de plaisir, d'adaptation, de baisse de voix ou de feinte d'enthousiasme là où il n'y avait que le silence. C'est de là qu'est né ce livre : de la lutte pour s'accrocher à une version de soi-même qui n'a pas de racines, mais seulement du maquillage. Il est né de l'envie profonde d'en dire assez. Plus de peur. Plus de déguisements. Il suffit de vivre en s'excusant d'être différent, intense, émotif, rebelle, libre.

Ce n'est pas un livre que vous essayez d'aimer. Il n'a pas été écrit pour obtenir les applaudissements de tout le monde, ni pour orner les étagères de phrases douces et vides. Ce livre va jusqu'à mettre inconfortable ce qui fait mal et à embrasser ce qui a été ignoré. Il est tentant de dire que nous gardons souvent le silence par peur du jugement, de l'abandon, d'être laissés seuls au milieu d'un système qui punit la différence. Mais il vient aussi pour célébrer. Pour honorer chaque partie de vous qui a survécu en vous cachant. Reconnaissez que malgré le bruit extérieur, votre voix est toujours vivante. Peut-être brisé, peut-être court, mais intact dans sa vérité.

Ici, vous ne trouverez pas d'instructions pour être heureux ou de promesses explicites de succès. Vous trouverez des vérités inconfortables, oui. Mais aussi un refuge. Vous trouverez des histoires qui pourraient ressembler aux vôtres, même si vous pensiez être le seul. Vous trouverez des mots qui n'essaient pas de vous corriger, mais qui vous rappellent que vous n'avez pas tort. Que vous n'êtes pas seul. Que vous n'êtes pas fou, ou défectueux, ou exagéré. Être soi-même – avec ses lumières, ses ombres, ses processus lents et ses émotions à la surface – est un acte d'amour. Et aussi de résistance.

Ce livre est une lettre ouverte à ceux qui ont été réduits au silence parce qu'ils avaient une voix différente, une peau différente, une orientation différente, une histoire qui n'entre pas dans les marges de ce que d'autres appellent « normal ». C'est pour ceux qui ne s'adaptent pas, pour ceux qui ne veulent pas obéir, pour ceux qui doutent de tout et continuent quand même à marcher. C'est pour les gens qui ont appris à vivre en armure mais qui rêvent d'être émotionnellement nus et d'avoir toujours la paix.

La perfection n'est pas requise ici. Vous n'avez pas besoin d'être guéri pour appartenir. Vous n'avez pas besoin d'avoir des réponses pour rester. Tout ce dont vous avez besoin, c'est de quelque chose que vous avez déjà : l'intention d'être vous-même. Même si vous ne savez pas toujours comment vous y prendre. Même si votre voix tremble encore. Même s'il y a des jours où vous avez l'impression d'y retourner. Ce livre ne vous jugera pas. Ce livre ne vous demandera pas d'être autre chose. Ce livre est là pour vous accompagner dans votre convalescence, dans votre réarmement, dans votre souvenir de tout ce qu'à un moment donné vous avez été forcé d'oublier.

Alors, si vous en avez marre de faire semblant, si vous en avez marre du plaisir, si vous ne supportez plus une vie qui ne vous ressemble plus... C'est votre place. Pas besoin de prouver quoi que ce soit ici. Asseyez-vous, respirez et commencez à lire. Ou peut-être commencerez-vous à l'écouter.

Parce que, croyez-le ou non, ce livre vous connaît déjà.

Il vous attend.

Et maintenant que vous êtes ici, nous pouvons repartir à zéro.

Pas de masques.

Aucun permis.

Et, surtout, sans peur.

L'écho du silence et l'appel à l'authenticité

Il y a un moment dans la vie où vous cessez de faire la sourde oreille et commencez à entendre l'écho de votre silence. Pas le silence des autres, pas le silence que l'on ressent quand personne ne répond à un message, mais le silence qui s'installe à l'intérieur, comme un invité qui n'a pas demandé la permission mais qui est venu rester. Ce silence n'est pas toujours tendre ; Parfois, il crie. Il crie ce qui est resté silencieux pendant des années, ce qu'il a avalé pour faire plaisir, pour s'intégrer, pour éviter les drames familiaux ou le regard étrange du patron. C'est un silence avec sa propre personnalité, avec la voix de la conscience, de la peur et aussi du courage qui n'ose toujours pas monter sur scène.

La psychologie l'appelle dissonance cognitive : ce conflit inconfortable entre ce que vous faites et ce que vous êtes. Mais en pratique, on a plutôt l'impression de vivre avec un fantasme lubrique. Vous souriez tandis qu'à l'intérieur vous vous demandez si quelqu'un remarquera que la robe ne vous va pas, que les manches sont d'une autre histoire et que les boutons ne ferment plus. Les gens s'habituent à vivre ainsi, déguisés en ce que les autres attendent, jusqu'à ce qu'un jour il n'y ait plus de place pour respirer. Et c'est alors que l'écho devient insupportable. Non pas parce qu'il est bruyant, mais parce qu'il ne peut plus être ignoré.

Voici l'appel. Pas du téléphone portable, mais de l'âme. Une voix qui ne sonne pas, mais qui pousse. Qui n'a pas de numéro, mais insiste. Cela ne se manifeste pas avec des trompettes ou des néons, mais cela se manifeste sous la forme d'anxiété le dimanche soir, ou avec cette tristesse inexplicable juste après avoir fait la « bonne » chose. C'est le début de l'authenticité, de cette rébellion sacrée qui nous invite à cesser d'agir et à commencer à vivre dans la chair. Ce n'est pas facile. Personne ne vous prévient qu'être vous-même peut générer du rejet, de l'inconfort ou des mèmes familiaux passifs-agressifs. Mais le soulagement de ne pas se mentir l'un à l'autre pèse beaucoup plus que la peur du jugement.

Être authentique ne signifie pas tout dire ou se montrer sur les réseaux sociaux comme si la transparence était synonyme d'exposition. Tout est une question de cohérence. Parler, s'habiller, aimer, travailler et rêver depuis un endroit qui ne s'excuse pas d'exister. Eh oui, parfois cet endroit est embarrassant, incompris ou même inconfortable pour les autres. Mais, pour lui, c'est chez lui. Une maison sans pièges ni carton, où les masques ou les permis ne sont plus nécessaires.

Le processus n'est pas linéaire. Il y a des jours où l'authenticité ressemble à un drapeau au vent, et d'autres où elle ressemble à un panneau « recherché » au poste de police émotionnel. Il y aura ceux qui applaudiront sa nouvelle version et ceux qui voudront la rendre au vieux pigeon avec un sourire hypocrite et une phrase du genre « Je te préférais comme tu étais avant ». Mais cette phrase, loin de blesser, devient la preuve que vous êtes sur le bon chemin. Parce que personne ne dérange ceux qui ne bougent pas.

L'écho du silence et l'appel à l'authenticité ne sont pas des ennemis. Ils sont complices du beau crime de le connaître. L'un déclenche l'alarme et l'autre vous montre le chemin. Eh oui, peut-être que ça fait mal, mais ça fait mal comme quand on enlève ses chaussures à la fin de la journée : on se rend compte à quel point elles vous ont serré. Et croyez-moi, marcher pieds nus, même si vous soumettez vos pieds, purifie l'âme.

Le poids de l'invisibilité : explorer l'expérience de vivre avec une partie cachée de vous-même.

Vivre avec une partie cachée de soi-même, c'est comme porter un sac à dos invisible rempli de briques émotionnelles. De l'extérieur, personne ne voit, donc personne ne propose d'aide, mais à l'intérieur, vous marchez tous les jours, le corps courbé et l'âme sur la pointe des pieds. Ce qui est ironique, c'est qu'en cachant qui vous êtes, vous obtenez souvent exactement ce dont vous avez peur : l'isolement, l'incompréhension, la distance. L'invisibilité ne protège pas, même si elle promet ; Ce qu'il fait, c'est effacer lentement les traces qui pourraient être laissées dans le monde. Et bien sûr, quand elle disparaît un peu chaque jour, il arrive un moment où vous ne vous souvenez même plus où vous vous êtes arrêté.

De la psychologie, ce phénomène a de nombreuses étiquettes : dissociation, refoulement, mécanismes de défense. Mais dans la vie de tous les jours, cela se manifeste par des sourires automatiques, des réponses vagues, des changements de sujet et une capacité presque artistique à esquiver les conversations inconfortables. Ce n'est pas de la lâcheté. C'est la survie émotionnelle. Parce que se montrer tel que l'on est peut coûter de l'affection, du travail, du respect... Du moins, c'est ce que vous pensez. Et cette conviction est intérieure. Ainsi, il devient son propre éditeur, effaçant les mots, les gestes, les goûts et les désirs de son histoire personnelle pour ne pas briser le scénario social.

Le problème, c'est que le corps ne ment pas. Vous pouvez faire semblant autant que vous voulez, mais votre système nerveux sait que quelque chose ne va pas. La tension dans les épaules, l'insomnie sans raison, la tristesse chronique qui apparaît immédiatement après les moments heureux, tout cela est le prix à payer pour entretenir la façade. Parce qu'être invisible n'est pas la même chose qu'être libre. La première chose est une stratégie. Le deuxième, un résultat.

Pourtant, le monde l'applaudit pour son interprétation. Ne pas se mettre mal à l'aise, s'adapter, « prendre la fête en paix ». Ce qu'ils ne vous disent pas, c'est que pendant que vous essayez de vous assurer que personne ne remarque cette partie cachée, d'autres font de même avec la leur. Nous vivons tous entourés de fantômes déguisés en personnes fonctionnelles, applaudissant la normalité comme s'il s'agissait d'une conquête et non d'une prison partagée.

Parfois, l'invisibilité commence dès l'enfance, lorsqu'on nous apprend que certains sentiments sont inappropriés, que certaines idées sont dangereuses ou que certaines identités sont « sensibles ». Ensuite, vous apprenez à déguiser la différence en une belle bizarrerie, à lisser les arêtes vives pour ne pas démanger. Mais avec le temps, ce masque n'est plus une option - il fait partie de la peau. Et l'enlever fait mal, comme enlever un pansement qui a été attaché à l'identité de quelqu'un pendant des années.

La bonne nouvelle, c'est que la visibilité ne nécessite pas de mégaphones ou de bannières. Parfois, il suffit d'un geste sincère, d'une phrase dite sans filtre, d'un oui ou d'un non qui ne s'excuse pas. Devenir visible est un processus, pas un acte héroïque ponctuel. Eh bien qu'au début il semble marcher nu dans une pièce pleine de juges, à la fin, il s'avère que beaucoup de ces juges sont tout aussi effrayés, se cachant sous leurs robes émotionnelles.

L'invisibilité pèse lourd. Mais l'authenticité, même si elle a un coût, est gratuite. Et aussi effrayant que cela puisse être, se montrer au monde tel que l'on est moins épuisant que de garder le mensonge en vie. Parce qu'au fond, nous voulons tous être vus. Pas admiré, pas approuvé, seulement vu. Et cela, même si cela peut sembler peu, est la chose la plus révolutionnaire qu'un être humain puisse faire.

La promesse de l'authenticité : pourquoi est-ce si libérateur et effrayant d'être soi-même ?

L'authenticité promet quelque chose qui, en théorie, semble irrésistible : vivre sans masques, sans filtres, sans avoir à se rappeler quelle version de vous-même a été utilisée avec chaque personne. Être soi-même semble être une sorte de paradis émotionnel où l'on respire profondément, où l'on s'endort sans se prendre le ventre et où l'on répond sans calculer chaque mot. C'est un terrain fertile pour la paix intérieure, le genre de vie dans laquelle il n'est plus nécessaire de répéter devant le miroir ce que vous allez dire, parce que ce que vous avez à dire n'a plus besoin de traduction émotionnelle. Cependant, ce n'est que lorsque quelqu'un s'approche de l'état souhaité que la peur s'insinue, comme ces publicités ennuyeuses qui ne s'arrêtent que lorsque la vidéo semble bonne.

Et être soi-même a un prix. Cela ne coûte pas d'argent, mais cela coûte des liens, des coutumes, des lieux et même des noms de famille émotionnels.

Parce que le monde n'est pas toujours prêt à faire face à une version rejetée de vous-même. Fondamentalement, de nombreuses relations survivent grâce aux non-dits, aux cachés, aux modifiés. Se montrer tel que l'on est mis tout cela en danger. Et l'idée de perdre l'acceptation, l'appartenance ou l'amour pour le simple fait d'être est une menace si puissante que la plupart préfèrent continuer à jouer un rôle. En psychologie, cela s'appelle la peur du rejet social, mais en pratique, cela se traduit par « je ferais mieux de me taire », « ce n'est pas le moment » ou « pourquoi le gâcher ».

La chose la plus curieuse, c'est que nous n'avons souvent pas peur que les gens voient le pire en nous, mais le plus vrai en nous. Parce que la réalité nous rend vulnérables. Il n'y a pas d'excuses, de stratégies, d'alibis. Il n'y a aucun moyen de se protéger lorsque vous montrez quelque chose d'authentique. C'est comme sortir sans parapluie en sachant que le ciel menace d'une tempête. Mais aussi, quand vous le faites enfin, vous ressentez un soulagement presque enfantin. Comme enlever ses chaussures après une fête gênante. Comme rentrer à la maison après avoir fait semblant d'aimer la ville. C'est à ce moment-là que vous comprenez que la liberté ne consiste pas à faire ce que vous voulez, mais à cesser de demander la permission d'exister.

Ce qui est effrayant avec l'authenticité, c'est qu'elle est irréversible. Une fois que vous savez ce que c'est que d'être vous-même, il n'y a pas de retour en arrière. Le faux devient insupportable. Les environnements forcés sont plus évidents. Phrases diplomatiques gratter. Eh oui, vous avez moins de monde autour, mais plus près de vous. C'est la vraie promesse : ne plus avoir à choisir entre être aimé où être réel. Parce que lorsque vous vous accrochez à ce qui est, l'amour qui vient n'a plus besoin de déguisements. Et cela, bien que peu nombreux, est profondément suffisant.

L'authenticité n'est donc pas un objectif, mais une pratique quotidienne. Vous ne l'obtenez pas une fois et vous ne le gardez pas comme un trophée, mais vous choisissez constamment, même lorsque votre voix ou votre cœur tremble. Même si vous savez que vous pourriez manquer quelque chose. Mais chaque fois que vous le faites, même si c'est par peur, vous obtenez un petit morceau de vous-même. Et c'est plus précieux que n'importe quel applaudissement emprunté. En fin de compte, être soi-même ne garantit pas le bonheur instantané, mais cela garantit que, quoi qu'il arrive, vous n'aurez pas à vous trahir pour survivre. Et cela, dans un monde plein de masques, est déjà une forme de révolution.

Angoisse : le réveil qui ne sonne jamais

Vivre avec une façade, c'est comme avoir une alarme antivol activée 24 heures sur 24 et 7 jours sur 7, mais à l'intérieur de votre poitrine. L'anxiété ne demande pas, n'avertit pas, ne respecte pas les horaires ; Il s'insinue dans votre gorge lors de réunions, de rassemblements ou même lorsque vous achetez du pain. D'un point de vue psychologique, cette tension constante découle de la vigilance interne que l'on exerce sur soi-même pour ne pas en révéler « trop ». Le cerveau se met en mode hiperalerta : est-ce que je dis la bonne chose ? Est-ce que j'agis comme prévu ? Avez-vous remarqué que ma paupière se contracte ? Le système nerveux sympathique vit le pied sur l'accélérateur et le corps, qui n'est pas stupide, finit par s'épuiser. L'ironie, c'est qu'essayer de s'intégrer finit par laisser le vrai moi hors de portée. Et tout cela pour avoir l'air « normal », comme si cela existait en dehors d'une machine à laver.

Dépression : les gencives du faux sourire

Quand on passe beaucoup de temps à faire semblant, la tristesse ne disparaît pas : elle se masque. La dépression, dans ce contexte, conduit généralement à une garde-robe réussie, à l'efficacité et à la courtoisie sociale. Vous souriez sur les photos, vous répondez « ok » par réflexe, mais à l'intérieur, c'est comme si vous viviez dans une maison sans fenêtres. En psychologie, ce phénomène est connu sous le nom de dissonance émotionnelle : le gouffre entre ce que vous ressentez et ce que vous montrez. Il en résulte une usure progressive de l'esprit, une sorte de deuil invisible de soi-même. Perdez la joie de vivre en mâchant la routine avec le visage d'une publicité pour dentifrice. Et le pire : personne ne s'en aperçoit, car vous êtes devenu un expert de la performance de votre vie.

Dissonance cognitive : le cerveau divisé en deux parties

Peu de choses l'épuisent autant que la trahison au ralenti. Et non, il n'est pas nécessaire que ce soit quelque chose de grand. Ne dites oui que lorsque vous voulez crier non, rire d'une blague qui vous a mis mal à l'aise ou applaudir une idée que vous détestez vraiment. Ces petits gestes, répétés jour après jour, créent une bombe émotionnelle que même la pleine conscience la plus coûteuse ne peut désamorcer. C'est ce qu'on appelle la dissonance cognitive, mais nous pouvons aussi l'appeler « la guerre froide interne », dans laquelle les deux parties sont en conflit.

L'esprit humain, aussi brillant soit-il, est assez dramatique quand on lui donne deux ordres opposés. Si vous croyez en la liberté, mais habillez-vous avec l'opinion des autres ; L'honnêteté s'apprécie, mais il feint l'enthousiasme pour les choses qui ne bougent pas d'un poil... Tôt ou tard, quelque chose en vous se fissure. Et c'est à ce moment-là qu'apparaît ce sentiment de « quelque chose ne va pas et je ne sais pas ce qui ne va pas ». Surprise : c'est vous, qui vivez de manière contradictoire.

Ce court-circuit n'avertit pas avec des feux rouges. Elle se manifeste par une fatigue inexplicable, par une anxiété dont on ne comprend pas les raisons, par une insomnie existentielle qui ne s'améliore pas avec la tisane de valériane ou le yoga à six heures du matin. Parce que ce n'est pas le stress au travail. C'est l'épuisement émotionnel de s'accrocher à une version de vous-même qui ne ressemble en rien à ce que vous appréciez.

Et le pire, c'est que l'esprit non seulement est confus, mais aussi irrité. Lorsque vos actions ne correspondent pas à vos croyances, votre cerveau commence à chercher des excuses absurdes pour justifier le trouble : « si je dis ce que je pense, je vais perdre des amis », « il vaut mieux se taire et ne pas faire de bazar », « tu auras le temps d'être moi ».

Mais le temps ne vous attend pas. Et chaque fois que vous procrastinez votre authenticité, quelque chose en vous apprend que faire semblant est plus sûr que d'être.

Donc, si vous avez l'impression d'avancer, mais que vous êtes fatigué comme si vous couriez en montée toute la journée, assurez-vous de vivre de manière constante. Parce que vivre avec le frein à main n'endommage pas seulement la voiture... Cela gâche également le voyage. Et vous n'êtes pas venu dans cette vie pour vous recroqueviller. Vous êtes arrivé en voiture les fenêtres ouvertes, avec la musique que vous aimez et avec la tranquillité d'esprit de savoir que, même si la route n'est pas toujours facile, au moins vous marchez en étant vous-même. Pas de masques. Pas de guerre civile mentale. Et aucune envie de déménager dans une cabane dans l'Himalaya. Bien que, si vous sortez toujours... Et c'est parce qu'il en avait envie. Non pas parce que votre vérité n'a plus de place dans votre vie.

Épuisement émotionnel : Fatigué d'être autre chose

Il existe un type d'épuisement qui n'est pas perceptible à l'œil nu, mais qui est également ressenti dans les os. C'est cette lassitude qui ne vient pas du corps, mais de l'âme. Il ne se guérit pas en dormant plus d'heures, ou en éteignant le téléphone, ou en sortant le week-end pour « se vider la tête ». C'est une usure silencieuse qui s'accumule lorsque, jour après jour, vous faites semblant d'être quelqu'un que vous n'êtes pas. Quant à l'intérieur on se brise, mais à l'extérieur on sourit. Lorsque vous ne savez plus si vous accomplissez une routine ou si vous jouez un rôle que vous n'avez même pas demandé à jouer.

Maintenir une façade, c'est comme porter un sac à dos émotionnel avec soi tout le temps. Mais pas n'importe quel sac à dos : un sac qui change de forme en fonction de la personne qui vous regarde. Est-il temps d'être du genre à ne jamais se mettre en colère ? Le silencieux qui ne pose pas de problèmes ? Le fort qui peut tout faire et ne montre jamais de faiblesse ? Chaque version nécessite une mémoire émotionnelle, un contrôle et un effort constant. Et cela, malgré le fait que beaucoup y voient une adaptation ou une éducation, finit par vous épuiser à l'intérieur. Ce n'est pas que vous n'en pouvez plus... Vous ne savez pas comment avancer sans vous perdre dans la tentative.

Ce type d'épuisement ne fait aucun bruit. Il ne crie pas. Il ne prévient pas. Il s'installe simplement comme un brouillard intérieur qui éteint votre désir, votre créativité, votre présence. Vous continuez à livrer, vous continuez à produire, vous continuez à travailler. Mais quelque chose en vous disparaît, lentement, sans faire de bruit. Et quand on a enfin un peu de temps libre, on ne sait pas s'il faut se reposer ou pleurer. Parce que ce qui fait mal, ce n'est pas ce que vous avez fait, mais tout ce que vous avez dû cacher pour le faire.

De la psychologie émotionnelle, ce phénomène est connu sous le nom d'épuisement identitaire : cet état de fatigue mentale et émotionnelle qui découle non pas de ce que vous faites, mais de ce que vous faites semblant de faire. Vous êtes présent, mais vous n'êtes pas vous-même. Vous souriez, mais à l'intérieur, vous vous demandez si quelqu'un, un jour, pourra voir la version non filtrée. Celui qui ne convient pas, celui qui ne change pas tous les mots, celui qui ne s'excuse pas de mettre les gens mal à l'aise.

Eh oui, nous faisons souvent semblant par amour, par peur, par habitude. Pour éviter les conflits. Pour protéger les autres de ce que nous ressentons vraiment. Mais à long terme, protéger le monde de sa vérité finit par le rendre invisible même à lui-même. Comment ne pas être fatigué si vous agissez depuis des années pour que personne ne vous rejette ?

Le plus difficile est que cette fatigue n'est pas toujours perceptible sur le visage. Parfois, c'est évident dans le corps tendu, l'insomnie, l'apathie, le manque de motivation, ce sentiment d'être en pilote automatique. Et quand on vous dit de « prendre un jour de congé », vous vous dites : oui, mais libre de qui ? Des autres ou de cette version de moi que j'ai inventée pour survivre ?

Parce que parfois, ce dont vous avez le plus besoin, ce n'est pas d'une pause dans le travail, mais d'une pause dans l'opposition à faire semblant. Une respiration sans scénario. Un espace où vous pouvez dire ce que vous ressentez vraiment sans craindre de tout gâcher. Un moment où vous n'avez pas à vous soucier d'être mal compris, jugé ou corrigé. Juste vous, pas de fioritures, pas de peur, pas de masque.

Et ce genre de repos, même s'il ne prend pas la forme de vacances, peut changer la vie. Parce que lorsque vous vous donnez enfin la permission de baisser la garde, même pour un instant, vous commencez à retrouver quelque chose que vous pensiez avoir perdu : votre énergie vitale, votre voix, votre véritable envie d'être là.

Alors ne vous sentez pas faible de vous fatiguer. Se lasser de faire semblant est également valable. Et se donner la permission d'être soi-même, même si on n'est pas parfait, même si tout le monde n'aime pas, c'est le premier pas pour guérir cette fatigue profonde que personne d'autre ne peut voir..., mais oui. Et il est temps de l'écouter.

La peur du rejet : quand le « Et s'il ne m'aime pas ? » Devenez un mantra

Peu de choses sont aussi démocratiques que la peur du rejet. De ceux qui évitent de parler en public à ceux qui n'envoient pas de message pour ne pas paraître « intenses », nous ressentons tous ce nœud inconfortable qui surgit lorsque la possibilité d'être jugé entre en jeu. Psychologiquement, cette peur a des racines profondes : nous avons été programmés depuis l'époque de l'homme des cavernes pour dépendre du groupe. Être expulsé du clan signifiait mourir de froid, de faim ou d'ennui. Aujourd'hui nous ne sommes pas chassés par les loups, mais les réseaux sociaux peuvent être tout aussi cruels.

La blessure primaire : ce n'est pas suffisant

Derrière la peur du rejet se cache généralement une croyance enfantine non résolue : « Si je montre qui je suis, ils ne m'aimeront pas. » Cette idée, bien qu'irrationnelle, s'impose rapidement et se nourrit de commentaires, de regards, de comparaisons et de traumatismes que nous accumulons comme des sceaux émotionnels. De la psychologie de l'attachement, si en tant qu'enfants nous associons l'amour à des conditions (nous nous comportons bien, nous ne pleurons pas, nous sommes forts), en tant qu'adultes, nous apprenons à changer des parties de nous-mêmes par peur de perdre l'affection. Résultat : nous avons transformé nos relations en audiences permanentes.

Distorsion cognitive : « Tout le monde me regarde »

L'esprit est habile à gonfler les réalités. Le rire d'une autre personne, un silence gêné ou un « vu » sans réponse peuvent devenir la preuve irréfutable que vous « ne vous aimiez pas ». Ce phénomène a un nom : la pensée catastrophique. Il s'agit d'imaginer le pire des scénarios et d'agir comme si c'était déjà le cas. C'est comme si une radio interne tournait en boucle « tu vas avoir l'air d'un imbécile ». Et pendant ce temps, l'autre personne pense probablement simplement à ce qu'elle va manger pour le dîner.

Le moi divisé : être accepté où être authentique

C'est là que se pose le grand dilemme : est-ce que je veux faire plaisir ou est-ce que je veux être moi-même ? Lorsque la peur du rejet domine, beaucoup de gens choisissent de se modeler en fonction de ce qu'ils croient que l'autre veut. Mais cette stratégie a un coût : le vrai moi commence à se sentir invisible, comme un acteur secondaire dans sa vie. À long terme, l'accumulation des micro-résignations génère de la frustration, une perte d'identité et le sentiment de n'appartenir à nulle part, même pas à soi-même. Une ironie cruelle, car dans une tentative de ne pas être rejeté, on finit par se rejeter soi-même.

Que se passe-t-il si je suis rejeté ? Eh bien, laissez-les le faire avec style

Accepter que tout le monde ne vous aime pas est libérateur et, d'une certaine manière, assez amusant. Parce que vous passez des années à essayer de plaire, comme s'il s'agissait d'un programme humain qui doit être approuvé par tous ceux que vous rencontrez. Vous souriez quand vous ne le voulez pas, vous baissez le volume de votre personnalité, vous changez d'opinion comme s'il s'agissait d'un tweet controversé... Et tout cela pour quoi. Spoiler : il peut y avoir des gens qui vous comprennent mal, vous bloquent, vous évitent ou vous regardent simplement comme si vous étiez un puzzle sans instructions.

Et c'est là que réside le problème : nous croyons que si nous faisons suffisamment d'efforts, nous serons cette personne universellement acceptable. Mais cela n'existe pas. Tout le monde n'aime pas le chocolat et vous n'êtes pas une barre suisse. Le rejet est inévitable. La clé n'est pas de l'éviter, mais d'apprendre à le regarder de face sans qu'il ne vous sorte du jeu. Parce que souvent, ce « je n'aime pas comment tu es » vient plus de ce que l'autre personne ne peut pas accepter en elle-même que de quelque chose de vraiment mauvais en vous.

Apprendre à y faire face, c'est comme apprendre à danser. Au début, c'est gênant : on se justifie, on culpabilise, on se demande si on n'a pas fait quelque chose de mal. Mais ensuite, quand vous réalisez que les gens vous jugent même lorsque vous vous comportez, quelque chose dans votre tête se déclenche. Et si ce déclic ressemblait à ceci : « Et si, au lieu de dépenser de l'énergie pour le plaisir, j'investissais dans le fait d'être heureux ? »

Et non, la peur ne disparaît pas. Ce n'est pas qu'il devienne soudainement de l'acier émotionnel. Seule la peur n'a plus de micro. Il devient un murmure en arrière-plan, pas le directeur de l'opéra. Il ne gouverne plus. Vous le ressentez, vous le comprenez, mais vous ne donnez pas les clés de la voiture.

Lorsque vous acceptez que votre valeur ne dépende pas de l'opinion des autres, vous commencez à vivre plus léger. Vous pensez qu'il est plus important de se respecter que de convaincre quelqu'un que vous êtes

« cool ». Et ce jour-là, même s'il n'y a pas d'applaudissements ou de feux d'artifice, vous commencez à ressentir quelque chose de nouveau et de puissant : la liberté. Une liberté qui ne vient pas du plaisir de tout le monde, mais de ne pas en avoir besoin. Et c'est là, mon ami, l'un des plus grands signes de maturité... Et aussi, pourquoi pas, l'amour de soi avec le sens de l'humour.

Prisons invisibles : quand la cellule est faite de « devoirs »

Vous n'avez pas besoin d'être derrière les barreaux pour vous sentir piégé. Il suffit de grandir dans une famille qui dit « ce n'est pas pour vous », de vivre dans une société qui dicte ce que devrait être le succès, ou de se faire dire qu'il faut ravaler ce que vous ressentez « pour ne pas faire mauvaise impression ». Les prisons invisibles ne sont pas visibles, mais elles semblent être un poids sur la poitrine. De la psychologie, on appelle cela la conformité normative : l'impulsion d'appartenance nous amène souvent à jongler émotionnellement pour nous intégrer. Et le pire, c'est que, parfois, on ne sait même pas pourquoi on suit ce script... Mais s'en sortir fait peur.

Le moule est déjà fait : on se sent à l'aise

Dès l'enfance, on nous enseigne, directement ou indirectement, comment nous devrions être. Certains ordres sont forts – « Quand les enfants feront-ils là ? » – et d'autres s'insinuent avec des silences, des regards ou des commentaires déguisés en conseils. C'est ainsi que se forme une sorte de liste mentale : avoir un partenaire, étudier quelque chose de « sérieux », ne pas trop parler de ce qui est inconfortable, éviter l'étrange. Peu à peu, on s'éloigne de ce que l'on a vraiment envie de vivre en fonction de ce que les autres attendent. Le problème, c'est que nous ne savons pas si nous sommes heureux ou si nous sommes simplement de bons acteurs.

La famille : la première école émotionnelle

La famille est notre premier miroir. Nous y apprenons ce qui vaut la peine d'être entendu, qui peut être interrogé, comment obtenir l'approbation et quelles parties de nous doivent être cachées. Souvent, ils ne le font pas par méchanceté, mais parce qu'ils répètent ce qu'on leur a enseigné. Mais ces mandats restent à l'intérieur, comme si nous avions amené un juge interne avec un mégaphone.

Des phrases telles que « n'aie pas honte », « personne ne t'aimera comme ça » ou « les hommes ne pleurent pas » plongent dans l'inconscient et se répètent ensuite, même si personne d'autre ne les prononce.

L'orgueil des autres ne comble pas le vide

Beaucoup vivent à la recherche de leur mère pour se sentir fières, d'amis qui ne les critiquent pas ou que personne ne les « laisse en vue » parce qu'ils sont différents. Ce besoin d'approbation externe devient une boussole cassée : il vous permet de continuer, mais pas là où vous voulez aller. Même si vous obtenez ce que tout le monde attendait de vous, vous avez parfois l'impression qu'il vous manque quelque chose. Parce que si vous avez besoin que d'autres vous confirment à chaque pas que vous faites, votre vie n'est plus la vôtre, mais une vitrine décorée de prix dont vous ne savez pas si vous avez gagné ou si on vous a prêté.

Être soi-même : un acte radical

Décider d'être authentique, dans un monde qui vous apprend à faire semblant, est une forme de rébellion. Bien sûr, cela vous met mal à l'aise, bien sûr cela fait peur..., mais cela libère aussi. De la psychologie humaniste, être soi-même sans masque est le chemin vers la réalisation de soi. Eh oui, peut-être y a-t-il ceux qui ne comprennent pas, qui prennent leurs distances ou qui parlent mal. Mais vivre en faisant semblant de mettre les autres à l'aise est une prison émotionnelle sans fenêtres. D'autre part, lorsque vous osez être vous-même, même avec des doutes et des obstacles, vous découvrez que la liberté n'est pas de faire ce que vous voulez, mais de cesser de vous trahir.

Et si un jour vous avez l'impression de ne pas vous sentir à l'aise, c'est peut-être parce que vous êtes né pour quelque chose de plus grand qu'un moule. Peut-être qu'au lieu de demander la permission d'être vous-même, il est temps de construire un endroit où vous n'avez pas à vous excuser d'exister tel que vous êtes.

La culture du « devrait être » : des manuels que personne n'a demandés, mais que nous suivons tous

Dès notre naissance, nous recevons un scénario invisible. « C'est ce qu'on attend de vous. » Et sans s'en rendre compte, nous commençons à agir selon ce script : être obéissant, productif, agréable, réussi, mince, souriant, serviable, discret. La culture du « devrait être » est cette voix qui ne se tait pas et répète « tu devrais faire quelque chose d'utile », même lorsque tu essaies de te reposer. De la psychologie, cela est lié à la formation du surmoi : cette partie de l'esprit qui absorbe les normes sociales et familiales jusqu'à ce qu'elles deviennent des règles internes. Le problème, c'est qu'il ne fait pas la distinction entre ce que vous voulez et ce que les autres vous ont imposé, il vous crie simplement que vous n'êtes pas assez si vous ne respectez pas tout.

S'adapter en tant que sport extrême

Vivre sous la pression de s'intégrer, c'est comme essayer de rentrer dans une paire de jeans de deux tailles plus petites : inconfortable, frustrant et étouffant.

Ce besoin d'appartenance nous amène à cacher des émotions, des aspirations, des goûts et même des opinions pour ne pas « sortir des sentiers battus ». D'un point de vue psychologique, il s'agit d'une forme d'autocensure qui, au fil du temps, génère une déconnexion interne. Vous commencez à parler comme prévu, à vous habiller en fonction de l'occasion, à dire « oui » même si votre langue brûle. Et à la fin de la journée, vous ne savez pas s'ils vous aiment pour ce que vous êtes ou à quel point vous faites semblant de l'être.

Le piège de la réussite des autres

Même la culture du « devrait être » à son propre classement : ceux qui travaillent plus valent plus, ceux qui se marient jeunes gagnent, ceux qui n'ont pas d'enfants sont à la traîne. Tout est mesuré, tout est comparé, comme si la vie était une compétition d'exploits que personne ne demandait à courir. Et nous sommes là, fatigués et anxieux, à essayer d'atteindre un objectif qui change à chaque fois que nous pensons être proches. La chose la plus cruelle, c'est que, souvent, lorsque vous obtenez ce qui devrait vous rendre heureux, vous découvrez que ce n'était pas votre rêve, mais celui de quelqu'un d'autre.

Le prix à payer pour ne pas rencontrer le moule

Ceux qui osent désobéir au scénario le paient parfois cher : ils sont jugés, isolés, critiqués ou transformés en objet de commérages familiaux. La culture du « devrait être » punit la différence et récompense l'obéissance, même si cette obéissance l'étouffe. D'un point de vue psychologique, cette dynamique génère ce qu'on appelle une dissonance existentielle : un profond malaise entre ce que l'on ressent et ce que l'on vit. Et ce malaise ne disparaît pas avec des phrases de motivation... Elle s'éternise, s'accumule et explose sous forme d'anxiété, d'insomnie ou de ce fameux « je ne sais pas ce qui ne va pas chez moi ».

Casser le moule sans le casser

Sortir de ce cercle n'est pas facile, mais c'est nécessaire. Il s'agit de revoir vos croyances, de distinguer celles qui sont les vôtres et celles dont vous avez hérité sans poser de questions, et de commencer à construire une vie qui vous représente, et non qui vous écrase. La psychologie humaniste propose de se reconnecter à son authenticité comme un acte de guérison. Parce qu'au final, nous ne sommes pas venus au monde pour être des copies bien éditées, mais des versions uniques, même si nous sommes parfois étranges, intenses, chaotiques ou têtus. Donc, si vous voulez casser quelque chose, que ce soit le moule, pas votre essence.

Et rappelez-vous : si nous étions tous ce que nous « devrions être », le monde serait un bureau géant plein de sourires forcés et d'âmes qui s'ennuient. Mieux vaut être vous-même, avec toutes les fautes d'orthographe émotionnelles.

Conséquences dans les relations : quand la coutume tombe amoureux en premier

Vivre avec un masque a une conséquence inévitable : ceux qui s'approchent de vous n'apprennent pas à connaître la vraie personne, mais le personnage que vous avez créé pour le plaisir. Et, bien sûr, cela fonctionne au début. Vous semblez charmant, réussi, toujours de bonne humeur, jamais trop intense. Mais garder cette version idéalisée est épuisant, et lorsque vous commencez à vous montrer à quoi vous ressemblez, l'autre personne a l'impression d'avoir changé de chaîne sans avertissement. De la psychologie, on appelle cela le manque de congruence entre le moi réel et le moi social, et cela génère des liens fragiles, où la peur de l'abandon grandit en même temps que la frustration.

Aimer l'insécurité : la recette de l'autosabotage

Si vous croyez que vous ne méritez pas d'être aimé pour ce que vous êtes vraiment, vous rechercherez inconsciemment des relations où vous devrez constamment prouver votre valeur. Alors donnez plus que vous ne pouvez, taisez-vous sur ce qui vous fait mal, adaptez-vous à tous, demandez peu et restez, même si quelque chose ne va pas... tant qu'il n'est pas rejeté. En psychologie, cela s'entend d'une forme d'attachement insécurisant : plus vous avez peur de perdre l'autre, plus vous vous éloignez de vous-même. Et c'est ainsi qu'une paire de trois se forme : vous, l'autre personne et le personnage que vous avez créé pour qu'il se sente digne d'amour.

Connexion Surface : tout a l'air bien, mais rien n'est profond

Quand ce n'est pas vous, vous ne pouvez même pas savoir si la connexion est réelle. Vous veulent-ils ou veulent-ils votre version modifiée ? Vous écoutent-ils ou applaudissent-ils seulement ce qui leur convient ? Ce doute constant nous empêche de nous détendre, de faire confiance, de nous ouvrir émotionnellement. Les relations deviennent comme des discours d'ascenseur : agréables mais sans substance. En thérapie, de nombreuses personnes décrivent cela comme un sentiment de vide émotionnel, malgré l'accompagnement. Parce que lorsque vous cachez ce que vous pensez, ce dont vous avez besoin ou ce que vous craignez vraiment, vous vous condamnez à un lien où l'intimité est impossible.

L'effet boomerang : quand faire semblant finit par vous faire fuir

Paradoxalement, ce qui est fait pour être accepté provoque généralement l'effet inverse. N'étant pas authentique, la relation ne résiste pas aux conflits, aux différences ou aux moments de vulnérabilité. Et si, par miracle, elle est soutenue, elle ne satisfait pas. Parce qu'il y a une partie de vous qui sait que vous êtes seul, même dans l'entreprise. À partir de l'approche systémique, les relations qui se construisent à partir de la peur finissent par reproduire cette même peur. Vous vous isolez davantage en essayant de plaire et finissez par vous sentir rejeté sans que personne ne vous ait encore rejeté.

La liberté d'être soi-même : même si sa voix tremble, même si tout le monde n'applaudit pas

Aimer la beauté, ce n'est pas aimer parfaitement. C'est aimer avec ce que l'on est, avec ce que l'on a et parfois même avec ce que l'on n'a pas. Les connexions authentiques nécessitent du courage, pas une constitution émotionnelle. Ils exigent que vous vous teniez l'un en face de l'autre sans boucliers, sans discours répétés, avec vos rires au mauvais moment, vos silences gênants, vos plaies à demi fermées et cette délicieuse maladresse de quelqu'un qui vous aime mais ne sait pas toujours comment faire.

Se présenter tel que l'on est fait peur parce que cela signifie perdre. Perdre des gens, perdre l'approbation, perdre le contrôle de l'image. Mais ce qui reste après ce filtre de sincérité vaut de l'or : des gens qui non seulement vous supportent, mais vous choisissent. Qu'ils n'ont pas peur si un jour vous êtes fauché, qu'ils ne disparaissent pas quand vous dites « je ne sais pas », et qu'ils restent même lorsque le scénario s'effondre.

La psychologie humaniste l'a dit avec élégance, mais nous vous le diront plus rapidement : on ne fait pas tomber quelqu'un amoureux de votre masque de stabilité émotionnelle ou de votre cursus affectif immaculé. Vous tombez amoureux de votre version brute. Avec vos blagues coquines, vos rires qui sonnent comme une alarme de voiture, votre colère quand vous avez faim, et cet étrange mélange de tendresse et de chaos que vous êtes quand vous vous sentez en sécurité.

Et, bien sûr, le montrer peut faire fuir quelqu'un. Mais qu'est-ce que vous avez gagné à les garder près d'eux si ce qu'ils aimaient était un personnage ? Pourquoi voudriez-vous remplir votre vie avec des gens qui n'applaudissent que votre partie modifiée, si ce qui vous blesse, vous guérit, vous rêve et vous aime est dans les coulisses ?

Parce que si vous n'êtes pas vraiment présent dans vos relations, alors qui l'est ? Une version recyclée de vous pour faire plaisir ? Une comédie romantique vous a-t-elle irrité ? Une copie socialement acceptable ?

Les relations qui guérissent, qui nourrissent, qui vous font grandir, ne sont pas celles qui font bonne impression sur les photos. Ce sont eux qui font parfois mal, mais ils ne trahissent pas. Celles qui sont construites avec une sincérité inconfortable, pas avec une diplomatie émotionnelle. Et cela passe par une décision quotidienne : être là. Même. Avec tout ce que vous êtes. Sans cacher les rires, sans polir les larmes, sans changer le rêve.

Parce qu'en fin de compte, le véritable amour n'a pas besoin que vous soyez parfait. Il faut que ce soit vous. Et ce, même si parfois cela semble bien peu... C’est tout.

Le cri intérieur : Reconnaître qui vous êtes

Il y a un moment dans la vie où l'on ne peut plus agir. Peu importe à quel point le costume est poli ou combien d'applaudissements vous obtenez pour le personnage que vous jouez. Soudain, quelque chose en vous tremble, roule, s'arrête. Quelque chose qui ne demande pas la permission et ne s'exprime pas de manière élégante. C'est un cri intérieur, parfois silencieux, mais assourdissant, qui dit : « Je ne peux plus faire semblant ». D'après la psychologie existentielle, ce type de rupture interne survient généralement dans les moments de crise : une perte, une trahison, une profonde solitude ou simplement la fatigue de vivre une vie qui ne vous représente pas. C'est alors que l'âme – ou l'inconscient, si vous préférez le terme technique – décide de cesser de coopérer avec la tromperie.

L'épiphanie : plus agaçante que divine

Alors que les films nous vendent l'épiphanie comme une scène avec de la musique épique et des larmes de rédemption, dans la vraie vie, c'est souvent plus comme une crise d'angoisse avec de la sueur et l'envie de courir sans but. Reconnaître qui l'on est n'est pas toujours agréable ; Parfois, vous avez l'impression de découvrir que vous vous êtes menti à vous-même pendant des années sans le vouloir. C'est regarder en arrière et se dire : « Et j'ai fait tout cela juste pour m'intégrer ? » D'après la thérapie, beaucoup décrivent ce moment comme le réveil dans la maison de quelqu'un d'autre, où tout est pris en charge, mais rien ne ressemble à la vôtre. L'inconfort ne disparaît pas... jusqu'à ce que vous décidiez d'arrêter de vous installer.

L'indéniable : quand on n'arrive plus à fermer les yeux

Il y a un moment où vous ne pouvez plus être distrait. Cette vérité intérieure que j'avais l'habitude de marmonner à peine commence à crier en toi. Et peu importe le nombre d'émissions que vous regardez, le nombre d'excuses que vous inventez ou combien vous vous cachez derrière « ce n'est pas si mal »... Parce que vous le savez déjà. Vous savez qui vous êtes, ce qui vous brise, ce dont vous avez envie et ce que vous n'êtes pas prêt à tolérer. Et une fois que vous savez cela, faire semblant devient étouffant.

C'est le point de non-retour. Non pas parce que le monde se termine, mais parce qu'un autre s'ouvre. Quelqu'un qui n'accepte plus que vous viviez comme une copie, comme un moule, comme l'attente de quelqu'un d'autre. Du point de vue de la psychologie du soi, ce moment est l'individuation : le moi profond qui sort du sous-sol, enfonce des portes, demande de l'oxygène. Il ne suffit plus de s'y conformer. Maintenant, vous devez l'être. Soyez vous-même. Même si tout tremble.

Eh oui, c'est effrayant. Parce que pendant longtemps, l'armure qu'il portait semblait le protéger. Il vous mettait à l'aise. Cela lui a donné le rôle de l'enfant idéal, du partenaire parfait, de l'ami inoffensif. Mais il arrive un jour où cette armure ne chauffe pas, elle pèse tout simplement. Et continuer à l'utiliser n'est plus du courage, c'est de l'abandon de soi. Parce que quand quelque chose en vous commence à vous blesser à cause du mensonge, vous ne choisissez plus la paix : vous évitez les conflits... à vos frais.

Ce qui est libérateur, ce n'est pas le changement extérieur. Il ne s'agit pas de partir, de quitter un emploi, de mettre fin à une relation ou de déménager dans un nouveau pays, bien que parfois il s'agisse aussi de cela. Ce qu'il délivre, c'est une autorisation interne. Ce moment sacré où vous vous dites honnêtement : assez. Je ne veux plus vivre à mi-chemin. Je ne veux plus que mon silence me coûte ma joie. Je ne veux plus continuer à masquer la douleur avec de la diplomatie.

Et, bien sûr, tout le monde n'applaudira pas cette transformation. Certains partiront, d'autres poseront des questions, et il y aura ceux qui essaieront de le ramener à son ancienne version parce que c'est plus confortable pour eux. Mais il saura qu'il n'y a pas de retour en arrière. Parce que, même si vous ne savez pas encore à quoi ressemble le nouvel itinéraire, l'ancien ne se sent plus chez vous.

Enlever votre armure est le plus grand acte de repos auquel vous pouvez vous adonner. Non pas parce que le monde devient soudainement lisse, mais parce que vous pouvez enfin respirer sans filtres, bouger sans culpabilité et vous regarder dans le miroir sans détourner le regard.

C'est vous. Comment vas-tu. Pas de déguisement. Pas de script. Et même si la peur est toujours là, l'important c'est que maintenant vous marchiez avec..., mais à la fin vous allez vers elle.

Et maintenant? Quand le cri appelle à l'action

La révélation ne suffit pas. S'ensuit une question inconfortable : « Qu'allez-vous faire de cette vérité ? » Changer de cap, prendre la parole, demander de l'aide, dire « non », rompre les liens, commencer une thérapie, changer de carrière, sortir du placard émotionnel... quoi que ce soit. Mais il faut que quelque chose bouge. Le cri intérieur n'est pas seulement un signe d'avertissement, c'est aussi une boussole. L'ignorer peut rendre le corps malade, empoisonner les relations ou éteindre la vitalité. L'écouter, en revanche, ouvre le chemin vers une vie plus cohérente. Ce n'est pas parfait, ce n'est pas facile, mais c'est plus le vôtre.

La vérité ne tombe pas toujours, mais elle s'atténue

Reconnaître qui vous êtes n'implique pas une récompense, mais une perte. Parfois, cela signifie que certains amis s'éloignent parce que vous n'êtes plus un miroir brillant pour eux. Ou que la famille soit déçue parce que vous n'êtes plus le projet idéal qu'ils se sont construit dans la tête. Votre partenaire peut même vous regarder comme s'il avait changé de langue sans avertissement. Mais se montrer n'est pas une trahison. C'est un sauvetage. Parce que si dans le processus de plaire à tout le monde vous vous perdiez, alors qui aimaient-ils ?

Le fameux « cri intérieur » ne sonne pas toujours comme un opéra. Parfois, ce n'est qu'un murmure, un ennui sourd, un malaise qui dit « ce n'est pas qui vous êtes ». Il ne vient pas pour ruiner votre vie, mais pour vous la rendre. Cela vous dit qu'il y a une énorme différence entre survivre en faisant ce qui est bon pour les autres et vivre réellement selon qui vous êtes, même si cela vous met mal à l'aise.

Parce que lorsque vous faites taire cette voix trop longtemps, le vide n'est pas rempli de likes, ou d'un partenaire, ou de rangs. Tout semble vide. Vous pouvez tout avoir et avoir l'impression de n'avoir rien, simplement parce que vous ne vous habitez pas. Vous êtes une coquille fonctionnelle. Un professionnel de l'acceptable. Un expert pour faire bonne impression. Mais qu'en est-il de vous ?

Lorsque vous vous écoutez enfin et que vous décidez de répondre, quelque chose change. Ce n'est pas comme si le monde vous comprenait soudainement. C'est que vous arrêtez de demander la permission. Arrêtez de vous excuser parce que vous vous sentez différent, vous aimez différemment, vous rêvez différemment. Et vous commencez à construire de l'intérieur, sans le scénario de quelqu'un d'autre. Avec des doutes, avec des erreurs, avec des larmes..., mais avec dignité.

Oui, le coût peut être élevé. Mais vivre en pilote automatique, s'adapter aux schémas des autres, coûte beaucoup plus cher : cela coûte la paix. Cela lui coûte un vrai rire. Vous avez du mal à avoir l'impression d'être dans votre vie et non dans celle de quelqu'un d'autre.

Donc, si vous avez l'impression que quelque chose en vous veut parler aujourd'hui, ne le faites pas taire. Ne mettez pas de musique dessus. Écoute-moi. Même si cela vous dérange. Parce que cette voix, pour la première fois, ne demande pas d'attention : elle demande la liberté. Et vous, plus que quiconque, le méritez.

Remettre en question le « devrait » : rompre avec les discours imposés

Les « devrait » sont comme des petites alarmes sociales qui s'installent dans la tête dès le plus jeune âge : « tu devrais bien te comporter », « tu devrais perdre du poids », « tu devrais te marier maintenant », « tu devrais avoir des enfants », « tu devrais être plus reconnaissant, plus positif, plus fort, plus calme, plus tout ». Ce sont des phrases qui sonnent comme des conseils, mais en réalité, ce sont des ordres déguisés. Issus de la psychologie cognitive, ces « devraient » sont des distorsions de la pensée qui génèrent de la culpabilité, de la frustration et une pression constante pour atteindre des normes qui n'ont presque jamais été choisies consciemment. Rompre avec ces récits n'est pas un acte de rébellion de l'enfance, c'est une étape vitale vers l'autonomie émotionnelle.

Le poids invisible du « devrait être »

Être à la hauteur de ce que vous « devriez » faire, c'est comme vous promener avec un sac à dos rempli de pierres que d'autres vous ont mises pendant que vous demandiez simplement votre chemin. Le problème, c'est que nous portons souvent ce sac à dos avec fierté, croyant qu'être « bon » équivaut à être obéissant. En conseil psychologique, il n'est pas rare d'entendre des gens qui ont tout « en ordre », mais ne savent pas pourquoi ils se sentent vides. Et c'est que suivre une vie empruntée, même si elle est approuvée socialement, finit par user l'âme. Vivre n'est pas la même chose que bien jouer le rôle.

Culpabilité : l'agent de sécurité des « devoirs »

Chaque fois que quelqu'un s'écarte du script, la culpabilité apparaît comme s'il s'agissait d'un superviseur émotionnel avec un badge. « Vas-tu vraiment quitter ce job stable pour quelque chose qui te passionne ? », « Et qu'en pensera ta mère ? », « Et si tu le regrettes ? » La culpabilité ne vient pas d'elle-même ; Elle apporte honte, peur et doute existentiel. Mais ce qui est curieux, c'est que souvent, nous n'enfreignons pas une loi naturelle, mais nous désobéissons à une attente étrangère qui ne nous représente même pas. Du point de vue de la psychologie systémique, la remise en question de ces récits est aussi un acte de guérison générationnelle : non seulement vous vous libérez, mais vous cessez d'hériter des chaînes.

Le risque d'être soi-même : plus vrai, moins confortable

Remettre en question les « devrait » n'est pas pour les âmes sensibles. Il s'agit de démanteler les structures internes, de désillusionner les proches et parfois d'être incertain pendant un certain temps. Mais ce vide momentané doit être construit à partir de zéro. La psychologie humaniste soutient que l'authenticité ne s'obtient pas en remplissant des boîtes, mais en remettant en question les boîtes elles-mêmes. Peut-être que vous ne devriez pas avoir à faire quoi que ce soit. Peut-être que vous le pouvez. Vous pouvez choisir, changer d'avis, explorer ce qui est bon pour vous sans vous excuser de ne pas coller au moule.

Et si vous allez casser quelque chose... Que ce soit le récit, pas votre désir

Chaque fois que vous osez dire « ce n'est pas pour moi » alors que tout le monde applaudit autrement, vous signez une déclaration d'indépendance émotionnelle. Non pas avec des feux d'artifice, mais avec la fermeté de ceux qui commencent à vivre sans la permission des autres. Cette phrase, aussi petite qu'elle puisse paraître, est une barricade contre ce qu'elle devrait être, contre ce que les gens vont dire, contre « la façon dont s’est fait ». Et même si votre voix tremble, même si vous avez l'impression de trahir les attentes, que faites-vous vraiment... C'est vous qui y revenez.

Choisir différemment n'est pas de l'arrogance. C'est prendre soin de soi. C'est avoir goûté à la moisissure et se rendre compte qu'elle s'empare de votre âme. Et bien sûr, il y aura toujours ceux qui s'énervent quand on ne peut pas jouer le rôle qui leur convient. Parce que beaucoup ne se soucient pas de ce que vous faites, mais que vous le faites par votre vérité et non par la leur.

Mais la magie est dans ce qui commence à se produire lorsque vous quittez l'espace. Des gens qui s'approchent non pas pour le masque, mais pour l'essence. Liens qui ne nécessitent pas de modification. Des conversations où vous n'avez pas besoin d'être traduit. Des relations qui n'essaient pas de vous plaire, mais de vous embrasser.

Rompre avec les « devoirs », c'est ne pas prendre en compte une liste d'attentes auxquelles personne n'a souscrit. C'est se regarder dans le miroir et non seulement se reconnaître, mais se respecter. Et cela, dans un monde où l'on nous apprend à plaire plutôt qu'à être, est un acte profondément rebelle.

Parce que faire semblant est facile. Le plus difficile, c'est d'être soi-même quand personne ne vous garantit des applaudissements. Mais c'est là que le bât blesse : il n'est pas nécessaire de recevoir une ovation debout lorsque vous arrêtez enfin de vous tromper. Le soulagement de vivre sans duplicité, sans performance, sans sourires empruntés, n'a pas de prix.

Donc, chaque fois que vous choisissez votre paix plutôt que votre popularité, rappelez-vous ceci : vous faites plus que décider. Ils sèment la liberté. Vous donnez à votre histoire une voix qui lui est propre. Et dans une société qui valorise l'apparence plus que la cohérence, ce n'est pas seulement un acte de courage... C'est une révolution silencieuse avec un écho éternel.

Briser le silence : les premiers pas à l'extérieur

Sortir de sa dissimulation émotionnelle ne commence pas toujours par un grand discours ou une révélation dramatique. Parfois, vous commencez par quelque chose d'aussi simple que de dire « je ne veux pas y aller » sans trouver d'excuses, de porter des vêtements que vous aimez même si personne d'autre ne les aime, ou d'oser dire « ça fait mal » alors que vous avez toujours prétendu que tout allait bien. Ces petits gestes, ces micro-révélations, sont plus puissants qu'il n'y paraît. Issu de la psychologie du développement personnel, chacun de ces actes construit un pont entre le soi réel et le soi qui se montre au monde. Et bien que le premier pas semble insignifiant, c'est celui qui brise le modèle de silence que vous répétez depuis des années.

Le premier « non » qui ne connaissait pas la faute

Dire « non » quand on a l'habitude de faire plaisir, c'est comme se lâcher sur un dragon qui s'est attaqué. Au début, c'est effrayant. Vous avez peur de souffrir, de décevoir, de perdre de l'affection. Mais lorsque vous faites cela et que vous découvrez que le monde ne s'effondre pas, quelque chose change. Vous vous rendez compte que fixer des limites ne vous rend pas égoïste, mais humain. En termes thérapeutiques, ce premier « non » marque l'entrée dans le concept de soi renforcé : une image de soi qui n'est plus basée sur ce que vous endurez, mais sur le respect que vous vous respectez.

Des petites vérités qui ouvrent des portes

Parfois, une seule phrase prononcée par honnêteté change le ton d'une relation : « Je ne suis pas très à l'aise avec ça », « Je suis intéressé par quelque chose de différent », « Je me sens mal à l'aise ces derniers temps ». Vous n'avez pas besoin de confesser toute votre âme d'un coup ; Il suffit d'en laisser un petit morceau de côté et de voir ce qui se passe. Ces petites ouvertures génèrent un effet domino sur la confiance personnelle. Parce qu'à chaque fois que vous vous montrez tel que vous êtes et que rien de terrible ne se passe, votre système nerveux prend note : « Je peux survivre à cela ». Ainsi, l'ancienne alarme de la peur du rejet est désactivée.

Des actes quotidiens de courage émotionnel

Porter la couleur que vous avez toujours évitée de peur d'attirer l'attention, partager une opinion impopulaire, reconnaître que quelque chose vous a blessé, vous permettre de pleurer devant quelqu'un, dire « j'en ai marre de faire semblant »... Toutes ces actions sont aussi petites que révolutionnaires. Ils ne changent pas le monde, mais ils changent le vôtre. En psychologie, on les appelle des comportements d'exposition émotionnelle progressive. C'est la façon dont vous tenez lentement votre esprit pour accepter l'inconfort d'être visible, sans ressentir que cela équivaut à être en danger.

Quand on commence à s'écouter... Tout sonne différemment

Les micro-révélations transforment non seulement vos relations avec les autres, mais elles modifient également votre relation avec vous-même. Vous commencez à vous entendre plus clairement, à percevoir quand vous agissez par peur ou par désir, à distinguer votre voix de votre voix héritée. Et dans ce processus apparaît quelque chose qui ne peut être ni acheté ni falsifié : la cohérence. Vous n'êtes plus en mode survie, mais en mode présence. Et même si cela fait mal ou gêne au début, à la fin il est plus léger de vivre sans autant de contradictions.

Parce qu'ouvrir la bouche pour dire sa vérité, même si ce n'est que progressivement, est déjà un acte de liberté. Vous ne le remarquerez peut-être pas au début, mais chaque petit geste compte. Chaque fois que vous brisez le silence, même d'une voix tremblante, vous écrivez un nouveau chapitre. Un film dans lequel le protagoniste, c'est enfin vous.

Identifier les alliés : qui sont les personnes en sécurité dans votre vie

Sur la route de l'authenticité, tout le monde ne mérite pas d'être aux premières loges. Certaines personnes viennent avec des ciseaux à la main et d'autres avec du fil et une aiguille pour vous aider à les réparer. Savoir distinguer l'un de l'autre n'est pas seulement sage : c'est vital. De la psychologie de l'attachement et de l'intelligence émotionnelle, les personnes sûres sont celles avec lesquelles vous pouvez être vous-même sans craindre le jugement, la moquerie ou l'abandon. Ils n'ont pas besoin que vous expliquiez pourquoi vous avez changé, ils ne se contentent pas de vous applaudir lorsque vous vous comportez « bien », et ils ne disparaissent pas lorsque votre moi le plus vulnérable relève la tête.

Celles qui restent quand on ne fait plus semblant

Un allié émotionnel n'est pas celui qui est seul dans les bons moments, mais celui qui est toujours là lorsque vous enlevez votre maillot de bain. Quand on n'est pas le bon, le fort, le gagnant, celui qui a toujours les réponses. Les personnes confiantes n'ont pas besoin d'avoir l'air parfaites pour le valider. Ils ne vous condescendent pas et ne vous donnent pas un discours émotionnel chaque fois que vous vous montrez confus. Ils vous entendent. Ils vous respectent. Ils vous permettent d'exister tel que vous êtes, même s'ils ne comprennent pas pleinement ce que vous vivez. Parce qu'ils savent que la véritable affection n'est pas basée sur la performance, mais sur la présence.

Signes que vous êtes avec quelqu'un de sûr

Si vous arrivez à partager quelque chose de difficile et que vous n'obtenez pas un « bon, mais au moins... », si vous pouvez pleurer sans qu'on vous demande de sécher vos larmes, si vous pouvez montrer vos contradictions sans qu'on vous interroge sur votre valeur, vous êtes face à un allié. La psychologie relationnelle parle de « résonance émotionnelle » : ce phénomène dans lequel quelqu'un non seulement vous écoute, mais se met à l'écoute de vous. Ces personnes ne minimisent pas vos émotions, ne vous qualifient pas de « dramatique » et n'utilisent pas vos confidences comme munitions dans de futures discussions. Votre entreprise ne draine pas, elle soulage.

Ce n'est pas la quantité, c'est la qualité (et la santé mentale)

Vous n'avez pas besoin d'une armée de soutien. Parfois, il suffit qu'une seule personne vous tienne des yeux lorsque vous sentez que vous n'êtes pas armé. Un ami, un thérapeute, un frère ou une sœur, un partenaire, quelqu'un qui n'a pas peur de vous voir changer. Souvent, identifier vos vrais alliés signifie accepter qu'ils ne soient pas toujours ceux que vous attendiez. Ils ne sont peut-être pas de votre famille de sang, mais ils sont la famille que vous avez choisie. Parce que la sécurité émotionnelle n'est pas héréditaire, mais cultivée. Et quand vous le trouvez, l'âme sait : vous pouvez vous y reposer.

Eh oui, il y aura des pertes..., mais aussi des rencontres

Briser le moule n'est pas seulement inconfortable à l'extérieur, mais il se brise également à l'intérieur. Parce que ça fait mal de se rendre compte que certaines relations n'ont existé que pour garder leur masque, pas leur vérité. Et quand ce masque tombe, il y a des silences qui parlent plus fort que n'importe quel discours. Des gens qui cessent de vous appeler, qui s'éloignent maladroitement, qui vous regardent comme si vous aviez rompu le contrat tacite de « continuer à agir pour ne pas vous mettre mal à l'aise ».

Mais parmi les décombres de ce qui refroidit, quelque chose de beaucoup plus chaleureux émerge : de l'espace pour l'authentique. Lorsque vous arrêtez de faire semblant, vous commencez à résonner avec ceux qui ne sont pas disposés à continuer à agir. Avec des gens qui n'ont pas besoin de vous voir comme parfait pour vouloir vous présenter. Ce n'est pas nous qui nous scandalisons de vos contradictions, mais nous les célébrons comme faisant partie de l'ensemble humain que nous sommes tous.

Votre cercle commence à changer. Et même si cela peut sembler être de la solitude au début, ce que vous gagnez, c'est une véritable intimité. Un de ceux qui ne cherchent pas à le décorer, mais à le connaître. Il ne s'agit plus de quantité, mais de qualité émotionnelle. Parce qu'un lien authentique vaut une centaine de connaissances qui ne sont à l'aise qu'avec sa version modifiée.

Et c'est là que vous découvrez quelque chose d'important : un bon allié n'est pas celui qui vient vous sauver de la douleur, mais celui qui s'assoit avec vous dessus sans s'enfuir. Ceux qui n'essaient pas de le réparer, mais de l'accompagner. Qui n'a pas peur quand sa voix tremble, quand il doute, quand il pleure sans filtre.

Dans un monde plein de relations qui brillent mais qui sont vides à l'intérieur, trouver quelqu'un pour vous accompagner dans votre reconstruction, sans jugement ni hâte, est un immense cadeau. Ce sont les liens qui ne voilent pas mais sauvent des journées entières.

Donc, si vous êtes à ce point où tout semble instable parce que vous avez décidé d'être vous-même... Tenir. Le malaise est réel, mais c'est aussi le premier signe que vous construisez une vie qui ne tombe pas au premier souffle. Et dans ce processus, petit à petit, les vôtres – les vrais – commencent à arriver. Ils ne font pas de bruit, mais ils restent. Et dans un monde d'applaudissements faciles, c'est chez moi.

Gérer la peur et la vulnérabilité : stratégies pour faire face à l'incertitude initiale

Le premier pas vers l'authenticité s'accompagne souvent d'une bonne dose de peur. Ce n'est pas un hasard : vous sortez de votre zone de confort émotionnel, vous démantelez des années d'automatismes, vous rompez des contrats invisibles avec votre environnement. De la psychologie du changement, cette phase est appelée phase de dissonance, et elle se caractérise par un mélange inconfortable de confusion, d'attente, de doute et le sentiment de marcher sans carte. La vulnérabilité, dans ce contexte, n'est pas une faiblesse : c'est le signe que quelque chose de courageux est fait sans garanties. Eh oui, tout tremble, mais cela signifie aussi que vous êtes en vie.

Normalisez la peur : ce n'est pas votre ennemi, c'est votre escorte

La peur n'est pas le méchant de cette histoire ; C'est ce garde du corps maladroit qui essaie de vous protéger même lorsqu'il n'y a plus de réel danger. Il apparaît avec la lampe de poche, à la recherche de signes de rejet, de critique ou d'abandon. Mais la plupart du temps, ces monstres qu'il craint n'existent plus ou n'ont jamais été là. Une stratégie utile consiste à apprendre à parler à cette peur comme s'il s'agissait d'un partenaire nerveux, et non d'une autorité. « Merci de prendre soin de moi, mais ici, je peux continuer toute seule. » Grâce à la thérapie cognitivo-comportementale, on vous apprend à réunifier les pensées catastrophiques, en entraînant votre cerveau à voir les défis plutôt que les menaces.

Petits pas, grands changements

Vous n'avez pas besoin de dire votre âme au monde en une seule fois. Un petit pas honnête suffit : exprimer une opinion qui était auparavant silencieuse, montrer une émotion qui était auparavant cachée, faire quelque chose qui a toujours été reporté par peur de « ce qu'il va dire ».

L'exposition progressive est une technique psychologique très efficace : elle consiste à gérer la peur par sections, comme quelqu'un qui entre dans une piscine en mettant les pieds en premier. Peu à peu, son esprit s'adapte à cette nouvelle température émotionnelle, et ce qui le paralysait autrefois commence à sembler gérable.

Ancrage dans le réel : routine, corps et présent

Lorsque l'incertitude mentale domine, le corps peut être votre refuge. Respirez profondément, bougez, notez ce que vous ressentez, buvez de l'eau, rangez votre espace. Ces gestes simples ne résolvent pas le problème, mais ils vous aident à ne pas vous y enfoncer. Il est également crucial d'établir de petites routines, quelque chose de stable que vous pouvez maintenir pendant que tout le reste bouge. De l'approche de la Thérapie d'Acceptation et d'Engagement (ACT), beaucoup de travail est fait avec l'idée de s'ancrer dans le présent, de prendre des décisions qui s'alignent avec ses valeurs, même si l'émotion est inconfortable.

Demander un suivi : la vulnérabilité partagée est moins coûteuse

Vous n'avez pas à traverser la tempête seul. Parler à quelqu'un en qui vous avez confiance, partager vos doutes, chercher un soutien thérapeutique ou des groupes qui valident votre expérience peuvent faire toute la différence. Lorsque vous réalisez que vous n'êtes pas la seule personne à faire face à la peur du changement, la charge diminue. Le simple fait d'être entendu sans jugement a un effet régulateur sur le système nerveux. Et lorsque vous osez être vulnérable face à l'autre, vous ouvrez la porte à une connexion plus profonde... C'est le genre de soulagement que vous n'achetez pas, vous gagnez.

Célébrez le courage, pas l'accomplissement

Sortir de la boîte n'est pas accompagné de feux d'artifice ou de musique épique en arrière-plan. Souvent, tout ce que vous entendez, c'est le silence étrange de ceux qui ne comprennent pas votre changement ou le bruit intérieur de vos propres peurs qui enfoncent la porte. Mais même sans une ovation debout, chaque pas authentique mérite d'être reconnu. Non pas pour ce qu'il a accompli, mais pour l'acte simple, mais immense, d'audace.

Parce qu'être soi-même, avec tout ce que cela implique – les peurs, les doutes, les cicatrices et l'envie de courir – est un acte de courage quotidien. Un de ceux qui n'apparaissent pas sur les nets, mais qui changent votre vie. Et affronter l'incertitude sans garanties est une façon profonde de se dire : j'ai confiance en moi, même si je ne sais pas encore comment.

Avec le temps, ce n'est pas comme si la peur disparaissait comme par magie. C'est juste que vous apprenez à vous asseoir sur le siège arrière pendant que vous conduisez. Il peut lui donner de l'eau, même le laisser se plaindre un peu, mais plus le volant. Parce que la peur n'est pas l'ennemi, c'est juste un rappel que vous franchissez une limite émotionnelle. Et si vous avez peur, c'est que c'est important.

La vraie confiance ne naît pas quand tout est clair, mais quand on commence à marcher même quand tout est flou. C'est cette certitude douce et tremblante qui lui dit : je ne sais pas ce qui va se passer, mais je sais que je me suis moi-même. Et c'est suffisant pour continuer.

Et puis il y a la vulnérabilité, ce mot que beaucoup confondent avec la faiblesse, alors qu'en réalité c'est le muscle le plus fort de l'âme. Parce que se montrer tel que l'on est, sans armure ni filtre, ne vous fragilise pas... Cela le rend humain. De chair, de sang et d'émotions qui ne sont pas toujours expliquées, mais qui sont ressenties.

Donc, si vous vous êtes réveillé aujourd'hui avec une voix tremblante et le cœur nu, mais que vous avez quand même choisi d'être vous-même... félicitations; Vous venez d'accomplir un acte héroïque. Même si personne ne le voit. Même s'il n'y a pas de médaille. Parce que vivre en cohérence, même avec la peur, est déjà gagnant. Et dans un monde plein de moules beaux mais vides, cela le rend profondément réel. Et cela ne pourrait pas être plus réel que cela.

Réponses négatives : comment gérer le rejet, les malentendus ou l'hostilité

L'un des plus grands obstacles à l'authenticité est la possibilité que quelqu'un réponde incorrectement. Parfois, la réalité ne déçoit pas : vous vous ouvrez et recevez un silence gênant, une moquerie, une critique déguisée en conseil ou directement une porte en face. D'après la psychologie, ces réponses activent des zones du cerveau liées à la douleur physique – oui, ça fait littéralement mal – parce que le rejet met en jeu notre sentiment d'appartenance. Mais voici l'important : ce n'est pas parce que quelque chose fait mal que c'est dangereux. Cela signifie que vous sortez des sentiers battus. Et cela, même si cela fait mal, vous renforce également.

Tous les déchets ne sont pas personnels (même s'il n'y paraît)

Lorsque quelqu'un vous juge parce que vous êtes vous-même, il parle en fait plus de ses peurs, de ses croyances et de ses limites que de vous. Il y a des gens qui réagissent avec malaise parce que leur authenticité leur rappelle tout ce qu'ils ont dû réprimer. En psychologie projective, c'est ce qu'on appelle le « déplaisir miroir » : ils sont agacés par ce qu'ils n'osent pas voir en eux. Alors, la prochaine fois qu'on vous lance un « ce n'est pas bien » ou « tu deviens bizarre », respirez. Vous n'échouez pas : vous reflétez les vérités des autres que tout le monde n'est pas prêt à regarder.

Validez ce que vous ressentez, sans tout dramatiser

Ce n'est pas parce que quelque chose vous frappe que vous soyez faible. Cela vous rend conscient. Accepter la tristesse, la colère ou la confusion face à une réponse hostile fait partie du processus. Ce qui n'aide pas, c'est de garder le rejet comme s'il définissait votre valeur. En thérapie émotionnelle, l'art de ressentir sans amplifier est très travaillé. Blesser? Oui. Cela vaut-il la peine d'y réfléchir pendant des semaines ? Cela signifie-t-il que vous devez vous cacher à nouveau ? Ni. Le sentiment est inévitable. Transformer cela en un jugement sur soi-même ne l'est pas.

Filtrez la note : Tous les avis ne méritent pas d'avoir une place dans votre tête

Tout ce qu'ils vous disent n'est pas valable, tout le monde ne peut pas donner un avis sur votre vie. Lorsque vous recevez des critiques, demandez-vous : cela vient-il de quelqu'un qui me connaît, qui m'aime bien, qui me respecte ? S'il ne remplit pas au moins deux de ces conditions, renvoyez-le mentalement à l'expéditeur. Dans la pratique thérapeutique, on lui apprend à faire la distinction entre la rétroaction constructive et la simple attaque émotionnelle. S'ils vous disent cela avec respect et affection, écoutez-les. S'il est empoisonné, ne le prenez pas... ni, même s'il est enveloppé de belles paroles.

Protégez votre énergie sans devenir un mur

Il ne s'agit pas de s'enfermer sur le monde, mais d'apprendre à se protéger sans s'endurcir. Fixer des limites, ce n'est pas construire des murs, c'est mettre des filtres. Vous pouvez partir sans vous battre, dire « ça ne marche pas pour moi » sans crier, et garder la paix, même si quelqu'un ne comprend pas votre processus. L'intelligence émotionnelle ne cherche pas à éviter les conflits, mais plutôt à les traiter avec le moins de mal possible. Et quand vous savez que votre authenticité vaut plus que l'acceptation des autres, cela fait moins mal de perdre quelqu'un qui ne savait pas comment vous voir.

Le rejet n'est pas définitif, c'est une sélection émotionnelle naturelle

Il y a des réponses qui blessent, mais qui réveillent aussi. Lorsque vous vous montrez tel que vous êtes et que quelqu'un réagit avec mépris, jugement ou indifférence, vous ne perdez pas d'espace : vous découvrez qu'il n'a jamais été le vôtre. L'univers – la vie, votre intuition, votre âme, peu importe comment vous voulez l'appeler – vous enlève ce qui ne vous soutient plus. Eh oui, ça brûle au début. Le rejet a le dessus, l'incompréhension fait mal et l'hostilité peut être ressentie comme une gifle émotionnelle. Mais si vous regardez plus profondément, vous comprendrez que cette bosse est un nettoyage. Une taille nécessaire pour qu'il ne continue pas à pousser là où il ne fleurit pas.

Parce que chaque « non » qui vient lorsque vous exprimez votre vérité est un miroir : il vous montre ce que l'autre n'est pas prêt à voir, ce que vous n'êtes plus prêt à rester immobile, et ce que le lien n'a pas la capacité de soutenir. Et c'est là que se révèle la partie belle, bien qu'inconfortable : tout le monde n'est pas fait pour vous recevoir complètement. Et cela ne fait pas différent. Cela vous rend plus conscient de qui le fait.

Au lieu de vous dépenser à expliquer pourquoi vous ressentez ce que vous ressentez, pourquoi vous pensez ce que vous pensez, pourquoi vous aimez comme vous aimez ou pourquoi vous vous battez pour ce en quoi vous croyez, vous pouvez commencer à diriger cette énergie vers ceux qui n'ont pas besoin que vous la coupiez pour l'embrasser. Pour ceux qui écoutent sans interrompre, valident sans conditionner et suivent sans demander à s'expliquer toutes les cinq minutes. Car s'il faut se réduire pour être accepté, ce n'est pas de l'amour... Il s'agit d'une transaction émotionnelle.

L'inconfort des autres avec votre authenticité est un excellent filtre. Le rejet n'est pas une punition, c'est une direction. C'est la vie qui vous oriente vers avec une clarté brutale : ce n'est pas votre place, mais vous vous en rapprochez déjà. Ne reculez pas. Ne changez pas votre essence juste pour rentrer dans une pièce où votre âme ne rentre plus. Ne faites pas taire ce qu'il y a de vrai en vous juste pour être proche de ceux qui préfèrent que vous soyez anesthésié.

Oui, ça va faire mal. Ils le laisseront en vue. Ils diront que c'est exagéré, changeant, compliqué. Mais entre vous et la version que vous prétendez être, vous choisissez toujours d'être avec vous-même. Parce qu'à la fin de la journée, le seul qui se couche avec sa conscience, avec ses pensées, avec son cœur qui bat au milieu de sa poitrine... C'est vous. Et vous méritez de reposer en paix, sans craindre que votre vérité paraisse trop forte à quelqu'un d'autre.

Par conséquent, chaque fois que quelqu'un réagit mal à votre vérité, ne le prenez pas comme une défaite. Prenez-le pour ce qu'il est : une purge. Un réarrangement naturel qui le mène, même si ça fait mal, à des liens où il n'aura plus à traduire. Là où vous êtes ne sera pas une bataille, mais un soulagement. Et où, enfin, vous dormirez en paix... Non pas parce que vous vous sentez à l'aise, mais parce que vous avez été honnête. Et cela, croyez-moi, n'a pas de prix.

Construire la résilience : renforcer le soi intérieur face à l'adversité

La résilience n'est pas un superpouvoir exclusif aux Illuminati ou une attitude ringarde sur Instagram. C'est la capacité très humaine – et très moite – de se recomposer après le coup, le rejet ou la chute. Par psychologie positive, nous entendons la capacité de s'adapter avec souplesse à des situations difficiles, sans perdre de vue qui vous êtes où laisser la douleur effacer votre valeur. Il ne s'agit pas d'être « fort » tout le temps ou de faire comme si de rien n'était mal, mais de construire un moi intérieur qui peut vous soutenir même lorsque tout le reste vacille. Parce qu'être résilient, ce n'est pas être fait de fer : c'est être fait de chair, mais avec des racines.

Accepter sans baisser les bras : le paradoxe qui guérit

L'une des clés pour développer la résilience est d'accepter qu'il y ait des choses que vous ne pouvez pas contrôler... sans devenir une victime passive.

Cela semble étrange, mais cela fonctionne. Accepter, ce n'est pas abandonner, c'est arrêter de lutter avec la réalité pour commencer à répondre à partir de son propre centre. En thérapie, c'est ce qu'on appelle l'acceptation active : reconnaître la douleur, regarder la perte sur votre visage, laisser la tristesse vous laisser passer sans vous installer comme une mère au foyer. Parce que ce à quoi vous résistez, persiste. Mais ce que vous embrassez est transformé.

Auto-évaluation : Votre voix intérieure peut être votre ennemi ou votre bouée de sauvetage

Lorsque vous traversez une crise, la façon dont vous vous parlez à vous-même est presque aussi importante que la situation elle-même. « Je suis un désastre », « ça m'arrive pour un imbécile », « Je n'y arriverai jamais »... Ces pensées ne sont pas seulement cruelles, elles sont inutiles. La résilience commence lorsque votre voix intérieure passe du statut de juge à celui d'allié. Au lieu de vous écraser, accompagnez-vous : « Je traverse quelque chose de difficile, mais je ne suis pas seul », « cela ne définit pas ma valeur », « Je peux faire des erreurs et continuer à grandir ». Ce n'est pas de la magie, c'est de la plasticité neuro-émotionnelle : entraîner votre cerveau à arrêter de vous lancer des fléchettes lorsque vous êtes déjà au sol.

Ressources personnelles : Vous avez plus que vous ne le pensez

Beaucoup de gens croient qu'ils ne sont pas résilients tant qu'ils n'ont pas d'autre choix. Et des outils apparaissent que je ne savais même pas que j'avais : de la créativité pour sortir du pétrin, un sens de l'humour pour ne pas exploser, de l'intuition pour bien choisir et, surtout, une mémoire émotionnelle pour se rappeler que ce n'est pas la première fois qu'on se lève. En psychothérapie, ces forces internes sont explorées comme une sorte d'armoire à pharmacie émotionnelle : chacun a la sienne, il suffit d'apprendre à l'ouvrir. Il n'est pas nécessaire que tout soit résolu. Vous devez savoir que vous pouvez improviser à partir de ce que vous avez.

Un véritable soutien, pas de vaines phrases

Une partie de la résilience consiste aussi à savoir comment demander de l'aide. Pas comme « me sauver », mais « marcher avec moi pendant un moment et reconstruire ». Il y a une énorme différence entre le soutien qui guérit et le soutien qui ne fait que mettre les gens mal à l'aise (« tout arrive pour une raison », « être fort », « les autres sont pires »). Les personnes vraiment empathiques n'apportent pas de solutions : elles apportent de la présence, un silence respectueux, et parfois même un repas chaud ou des rires au mauvais moment. Être accompagné, sans pression ni jugement, rappelle à votre moi intérieur que vous n'êtes pas seul sur le champ de bataille.

La résilience ne signifie pas revenir à ce qu'il était avant : c'est construire une nouvelle version de la blessure

On croit souvent qu'être résilient signifie revenir à ce que l'on était avant le coup d'État. Non. La véritable résilience passe par la transformation. Vous n'êtes plus le même après une perte, une trahison, une rupture ou un échec. Mais ce n'est pas une mauvaise chose. La résilience n'est pas effrayante : elle se réinvente. À partir de la psychologie narrative, vous pouvez réécrire votre propre histoire à partir de la douleur, non pas pour la nier, mais pour l'intégrer. Et puis, ce qui était autrefois une fissure devient une racine.

Parce qu'au final, être résilient ne signifie pas empêcher la vie de vous secouer. C'est apprendre à danser avec les Shakers, même si parfois on perd le rythme mais jamais le pas.

Fixez des limites : protégez votre énergie et votre bien-être

Se fixer des limites, ce n'est pas être égoïste, c'est être conscient que son bien-être n'est pas un luxe, mais un besoin fondamental. Les frontières sont comme une barrière émotionnelle : non pas pour éloigner tout le monde, mais pour protéger ce qu'il y a à l'intérieur. De la psychologie relationnelle, fixer des limites saines implique de reconnaître vos besoins, vos émotions et votre capacité réelle à obtenir des résultats sans vous sentir coupable de ne pas être disponible 24 heures sur 24, 7 jours sur 7. Parce que si vous vous fatiguez d'essayer de plaire à tout le monde, la seule chose qui vous reste... C'est la fatigue. Et ni toi ni personne d'autre ne peut sortir de la lassitude.

Quand dire « oui » fait plus mal que dire « non »

L'un des indicateurs les plus clairs que vous devez fixer une limite est ce nœud dans votre estomac qui apparaît chaque fois que vous acceptez quelque chose que vous ne voulez pas. Nous le faisons par engagement, par peur du conflit, par culpabilité... Mais ensuite, vous vous sentez mal à l'aise, utilisé ou invisible. En psychologie émotionnelle, cette dissonance fonctionne comme un signal d'alarme : chaque fois que vous donnez automatiquement la priorité à l'autre plutôt qu'à vous-même, vous négociez votre propre paix. Et le pire, c'est qu'à la longue, l'accumulation de « oui » forcés se transforme en ressentiment silencieux. Dire « non » tôt vous permet d'économiser beaucoup de thérapies futures.

Les frontières ne sont pas des murs : ce sont des ponts bien conçus

L'idée n'est pas de l'isoler ou de le rendre inaccessible. Une bonne limite ne dit pas « éloigne-toi », elle dit « rapproche-toi de cette façon ». C'est une façon d'enseigner aux autres comment la traiter. De la thérapie cognitive, la communication assertive est entraînée précisément à cela : exprimer ses limites sans blesser, sans crier, sans transformer chaque situation en une guerre émotionnelle. Vous pouvez dire « ce n'est pas bon pour moi », « je ne peux pas maintenant » ou « je ne suis pas disponible pour cela » sans avoir l'air froid, mais bien sûr. Parce que se protéger n'est pas un acte de violence : c'est un acte d'amour de soi.

La peur de mettre les gens mal à l'aise : le saboteur officiel de la frontière

L'un des grands obstacles qui s'opposent aux limites est la peur de perdre de l'affection, d'être perçu comme « difficile » ou de provoquer une déception. Mais voici une vérité inconfortable : si quelqu'un part parce que vous lui avez fixé une limite, il n'a probablement jamais été là à cause de vous, mais à cause de ce que vous lui avez donné. La psychologie systémique explique cela comme une « restructuration obligataire » : lorsque les règles internes sont modifiées, certains liens sont réarrangés et d'autres sont rompus. Ça fait mal, ça fait mal. Mais il nettoie aussi. Parce que personne ne mérite votre énergie si vous êtes simplement prêt à la prendre, pas à la respecter.

Renforcez votre limite : parce que parfois vous êtes le premier à la franchir

Le problème n'est pas seulement que les autres dépassent vos limites, mais que vous les ignoriez vous-même. Promettez-vous de ne plus répondre aux messages après un certain temps... Et vous finissez par envoyer l'audio à une heure du matin. Vous dites que vous ne vous justifierez plus... Et il est là, donnant des explications comme s'il devait se permettre d'exister. Se fixer des limites, c'est aussi s'engager envers soi-même. Non seulement dites « jusqu'à présent » aux autres, mais rappelez-vous aussi quand l'ancienne habitude du plaisir veut revenir par la fenêtre émotionnelle.

Votre énergie est à vous : elle n'est pas louée, elle n'est pas donnée, elle est gérée

Beaucoup confondent les frontières avec la froideur, l'égoïsme ou le rejet. Mais la vérité est qu'apprendre à dire « assez » ne signifie pas que vous construisez un mur, mais que vous dessinez la carte de votre dignité. Vous ne repoussez pas les gens, vous marquez où vous pouvez vous approcher sans cesser d'être vous-même. Dans un monde qui veut que vous soyez toujours disponible, toujours disponible, toujours de bonne humeur, même si vous vous effondrez à l'intérieur, dire « je ne peux pas » ou « je ne veux pas » est presque un acte de désobéissance spirituelle. C'est tout... est respectée.

Vivre sur la défensive vous épuise. Mais il en va de même pour la vie sans défense. L'équilibre réside dans le fait de savoir discerner. Tout le monde ne mérite pas un accès illimité à vous. Tout le monde ne sait pas comment prendre soin de ce que vous partagez avec eux. Tout le monde n'interprétera pas votre abandon comme un acte d'amour et non comme une obligation. Par conséquent, fixer des limites ne signifie pas ériger des barrières, c'est donner un nom à votre énergie, c'est gérer vos ressources émotionnelles avec conscience. Non pas parce qu'il manque d'amour, mais parce qu'il a enfin appris à aimer sans se sacrifier.

Les gens qui vous aiment vraiment ne s'offusquent pas lorsque vous prenez soin de vous. Au contraire, il en est reconnaissant. Comprenez qu'une version épuisée de vous-même n'est pas le meilleur que vous puissiez offrir, et que votre présence vaut plus lorsqu'elle provient du désir plutôt que de l'obligation. D'un autre côté, ceux qui s'énervent lorsque vous arrêtez de tout leur donner n'ont probablement jamais été là pour vous, mais pour un accès gratuit à votre effort.

Fixer des limites ne signifie pas être brusque, sec ou distant. Il s'agit d'être honnête. Être capable de regarder l'autre personne dans les yeux et de dire : «

Je t'aime, mais ce n'est pas bon pour moi », ou « Je peux être là, mais pas aujourd'hui », ou simplement « Ce n'est pas pour moi ». Et ceux qui comprennent, restent. Et ceux qui ne le font pas partent. Et il s'en va, c'est parce qu'il n'était pas préparé à la version la plus honnête de vous. Et cela, même si ça fait mal, libère aussi.

Parce qu'il n'y a pas de paix plus profonde que celle d'être présent sans se sentir utilisé, sans avoir l'impression de disparaître peu à peu pour que les autres se sentent à l'aise. Lorsque vous protégez votre bien-être, vous dites : « Je me reconnais, je me respecte, je m'appartiens. » Et à partir de là, on peut donner sans rancune, accompagner sans s'annuler, et aimer sans avoir à s'effacer pour être aimé.

N'ayez donc pas peur des limites. Ils sont la façon la plus claire de dire « c'est moi, et je prends suffisamment soin de moi pour ne pas me donner à ceux qui ne m'apprécient pas ». Parce que ceux qui apprennent à se fixer des limites ne prennent pas leurs distances. Cela devient réel. Et dans un monde où beaucoup vivent en faisant semblant d'être acceptés, être réel n'est pas seulement un acte d'amour de soi : c'est une forme de révolution silencieuse qui transforme tout ce qu'elle touche.

L'importance de la communauté : chercher des espaces et des personnes qui l'acceptent inconditionnellement

Quelle que soit votre force, personne ne guérit complètement dans la solitude. La croissance personnelle peut être un voyage intérieur, mais la validation, le soulagement et le reflet de votre vérité se trouvent souvent dans les yeux des autres. La communauté, de la psychologie sociale, n'est pas seulement un réseau de soutien : c'est un réseau de reconnaissance. Être avec des gens qui ne vous regardent pas bizarrement pour vous dire ce que vous ressentez, qui ne vous demandent pas d'explications sur qui vous êtes et qui célèbrent votre existence sans vous demander de changer des parties de vous-même, n'est pas un privilège : c'est un besoin émotionnel fondamental. Parce que lorsque vous vous entourez de ceux qui vous acceptent inconditionnellement, vous cessez de vivre sur la défensive et commencez à vivre pleinement.

Être soi-même sans traduction : le soulagement d'un sentiment d'appartenance sans déguisement

Dans les espaces sûrs, vous n'avez pas besoin d'atténuer, d'adoucir vos émotions ou de tripler votre discours pour ne pas les mettre mal à l'aise. Vous pouvez arriver avec de la tristesse dans le dos ou avec des rires débordants, et les deux états sont les bienvenus. La vraie communauté est ce groupe où vous n'avez pas besoin d'expliquer votre bizarrerie, car tout le monde a la sienne. De la thérapie de groupe aux espaces communautaires spontanés, le partage de l'expérience humaine avec ceux qui ne vous jugent pas génère une profonde réparation : celle de ne pas avoir le sentiment d'être seul, ou fou, ou déviant... uniquement humain.

Le miroir qui guérit : se voir dans les autres, mieux se reconnaître

Parfois, vous avez besoin que quelqu'un vous dise « ça m'est arrivé aussi » pour vous rendre compte que votre histoire ne vous rend pas moins. Écouter, partager et résonner avec d'autres personnes qui ont vécu la même chose, ou qui ne veulent tout simplement pas vous changer, élargit votre compréhension de vous-même. En psychologie humaniste, cela s'appelle une vraie rencontre : une connexion dans laquelle les deux personnes se voient sans filtres, sans prétentions, sans masques. Là, entre le « moi aussi » et le « je te vois », naît une force qui n'est pas atteinte dans les livres de développement personnel ou les phrases du journal intime : on l'appelle l'appartenance.

Prendre soin de ce qui prend soin de vous : la communauté est aussi irriguée

Il ne suffit pas de trouver un espace sûr : il faut aussi les nourrir. La communauté est un échange vivant, pas un service à la carte. Il s'agit de se montrer, mais aussi de soutenir les autres. Écoutez sans interrompre. Soutien sans intrusion. Célébrez les réalisations des autres sans vous comparer. La réciprocité émotionnelle crée de véritables liens, et dans ces liens, le moi s'élargit. Parce que lorsque les autres brillent sans vous faire de l'ombre, vous comprenez que l'amour n'est pas rare, conditionnel ou compétitif. C'est circulaire.

Si vous n'êtes pas accepté, vous n'êtes pas une communauté : vous êtes un public

Parfois, nous confondons la communauté avec un groupe de connaissances, des membres de la famille biologique ou de vieux amis. Mais si ces liens nécessitent de se camoufler, de juger en parlant honnêtement ou de disparaître en traversant une crise, vous n'êtes pas dans une communauté : vous jouez la comédie sur scène. Et c'est aussi épuisant. La recherche de nouveaux espaces peut être intimidante, surtout si vous avez grandi en croyant que vous étiez « trop » ou « tort ». Mais je vous assure qu'il y a des endroits où votre voix ne convient pas seulement, elle est nécessaire. Les trouver est un acte de justice émotionnelle.

Parce que lorsque vous êtes dans une communauté qui vous soutient, vous nourrit et vous respecte, vous vous épanouissez sans vous en rendre compte. Et non pas parce que vous n'avez pas de blessures, mais parce qu'enfin il y a ceux qui vous regardent sans se presser de les refermer. Dans ce domaine, la croissance devient plus que possible : elle devient inévitable.

Solidarité et entraide : comment renforcer le lien avec d'autres personnes dans des situations similaires

Au milieu de la lutte pour être soi-même, découvrir que vous n'êtes pas seul, c'est comme trouver de l'oxygène dans une pièce fermée à clé. La solidarité ne se limite pas à consoler ; Il s'agit de tenir, de réfléchir et de marcher aux côtés d'une autre personne qui traverse la même tempête dans des chaussures différentes. De la psychologie communautaire, le soutien mutuel génère ce que l'on appelle l'autonomisation partagée : lorsque vous voyez quelqu'un survivre à ce que vous vivez, votre esprit cesse de répéter « je ne peux pas » et commence à murmurer « moi aussi ». Le lien entre des personnes ayant des expériences similaires n'est pas seulement un réconfort : c'est un carburant émotionnel.

Le « moi aussi » qui brise l'isolement

L'une des blessures les plus profondes du rejet ou de la différence est l'isolement. Se sentir étrange, mal à l'aise, déplacé... Jusqu'à ce que quelqu'un dise « ça m'est arrivé aussi ». Cette phrase, simple mais puissante, a un effet thérapeutique immédiat : elle désarme la solitude, réduit la honte, vous fait sortir de la grotte intérieure. La psychologie du traumatisme parle du pouvoir du témoin compatissant : quelqu'un qui ne vous donne pas de conseils, ni de solutions, ni de recettes magiques... Il vous regarde simplement avec une véritable compréhension et valide ce que vous ressentez sans jugement. Parfois, cet acte vaut plus que mille séances.

Quand le partage n'est pas affaibli, mais renforcé

Il existe un mythe néfaste qui dit que parler de ses blessures, c'est se victimiser soi-même. Mais la réalité est différente : le partage avec une honnêteté émotionnelle non seulement vous libère, mais donne également aux autres la permission de faire de même. Des groupes de soutien, des espaces sûrs, voire des amitiés profondes, permettent à la douleur de se transformer en une expérience partagée. D'un point de vue humaniste, c'est ce qu'on appelle l'authenticité mutuelle : lorsque les deux personnes laissent l'ego à l'extérieur de la porte et se montrent telles qu'elles sont. Non pas pour se disputer celui qui a le plus souffert, mais pour se rappeler qu'il est possible d'aller de l'avant.

Contenir sans absorber : l'équilibre nécessaire

Aider l'autre ne signifie pas porter sa propre douleur, mais être présent sans fondre. Dans la solidarité affective, nous devons apprendre à prendre soin de nous sans nous négliger. Cela signifie continuer à écouter, à partager des ressources, à faire un suivi..., mais aussi savoir quand dire « j'ai besoin d'une pause » ou « maintenant c'est mon tour ». En psychologie relationnelle, nous travaillons beaucoup sur le concept de frontières perméables : être disponible, mais pas envahi. Parce qu'un filet de soutien n'est pas un endroit où l'on peut tomber hors mesure, mais un tissu qui ne permet à personne de s'enfoncer complètement.

La force partagée : quand l'un tombe, l'autre reste

Les réseaux de solidarité ne sont pas des structures hiérarchiques dans lesquelles l'un épargne et l'autre est sauvé. Ce sont des cercles dans lesquels la carte change en fonction du moment. Aujourd'hui, vous lè ressentez, demain ils vous entendent. Aujourd'hui, vous pleurez, puis vous riez avec ceux qui ont pleuré avec vous. Cette dynamique cyclique crée des liens authentiques dans lesquels la force n'est pas mesurée par le nombre de fois où nous tombons, mais par le nombre de fois où nous sommes pris sans rien exiger de nous. Dans les moments difficiles, savoir que vous n'avez pas à tout garder seul change complètement l'expérience du deuil.

Parce que s'accompagner dans le noir s'illumine petit à petit

Parfois, nous n'avons pas besoin de solutions, de phrases de motivation ou de recettes pour nous sentir mieux. Parfois, la seule chose qui guérit est la présence de quelqu'un qui ose se tenir debout quand tout semble gris. Non pas pour vous relever, non pas pour vous dire que tout ira bien, mais pour s'asseoir à côté de vous et vous dire : « vous n'êtes pas seul ». Et cela, bien que cela semble simple, est l'un des moyens les plus puissants de sauver quelqu'un de l'abîme.

Parce que lorsque vous êtes dans la même tempête que vous, la dernière chose dont vous avez besoin, c'est que quelqu'un de la côte vous crie des conseils. Ce dont vous avez besoin, c'est que quelqu'un vous enlève vos chaussures, marche avec vous dans la boue et vous dise : « Oui, ça fait mal, mais je suis là. » Cette entreprise silencieuse, sans filtres ni attentes, est ce qui maintient parfois la flamme allumée lorsqu'il ne reste plus grand-chose.

L'âme humaine reconnaît ceux qui sont passés par les mêmes tunnels. Il n'y a pas besoin de beaucoup d'explications parmi ceux qui ont appris à respirer sous l'eau. Un geste, un regard, un « je crois en toi » peuvent faire tomber des murs intérieurs qui sont restés intacts pendant des années. Parce que la véritable empathie n'essaie pas de vous réparer, elle essaie de vous soutenir pendant que vous vous reconstruisez à votre propre rythme.

Dans une culture où l'optimisme toxique, le « vous pouvez » à tout prix et la pression d'être « bien » vingt-quatre heures sur vingt-quatre sont récompensés, trouver quelqu'un qui n'a pas peur de vos ombres est un cadeau sacré. Quelqu'un qui ne s'enfuit pas quand tu pleures, qui ne change pas de sujet quand tu es fauché, qui ne se dérange pas avec ta dure vérité. Cette personne non seulement vous accompagne, mais vous donne de la dignité.

Et le plus beau, c'est que lorsque deux personnes s'accompagnent depuis cet endroit, sans avoir besoin de faire semblant d'être la lumière alors que tout est sombre, une flamme s'allume qui ne dépend pas de l'environnement. Une flamme qui dit : « si tu peux le faire, je peux le faire aussi ». Et petit à petit, même si le monde ne change pas, même si le problème n'est pas effacé, quelque chose en vous se réorganise. Parce que vous ne vous battez plus seul.

La véritable solidarité n'a pas besoin de discours. Tout ce dont vous avez besoin, c'est de la présence. Il ne vous oblige pas à aller bien, il offre un endroit pour être coquin sans culpabilité. Et dans les moments où tout le monde se précipite pour recevoir confirmation et applaudissements, s'asseoir pour partager le silence avec quelqu'un qui ne juge pas... C'est un pur médicament pour l'âme. Un médicament qui ne guérit pas tout d'un coup, mais qui donne envie de continuer. Et c'est parfois tout ce qu'il faut.

Célébrer la diversité : reconnaître la beauté des différences

Nous vivons dans un monde qui nous a appris à craindre ce qui est différent au lieu de l'admirer. Dès l'enfance, nous sommes poussés à l'idée de la « normalité » comme s'il s'agissait d'un sommet que nous devrions tous atteindre. Mais la vérité est que ce sommet n'existe pas : c'est une illusion collective qui écrase les identités, uniformise les corps, fait taire les voix, transforme l'authenticité en risque. Du point de vue de la psychologie sociale, la diversité est non seulement inévitable, mais nécessaire au bien-être collectif. Les différences ne divisent pas, elles enrichissent. Et le reconnaître n'est pas un geste de tolérance condescendante, mais un acte profond de justice émotionnelle.

Ce qui vous rend bizarre, vous rend réel

La diversité ne se limite pas à la couleur de la peau, à l'orientation sexuelle ou à la religion. Il s'agit également de modes de pensée, de façons d'aimer, de modes de vie, d'expressions émotionnelles, de capacités, de corps, de rythmes, d'accents et de silences. Chaque caractéristique qui vous fait vous sentir « en dehors des sentiers battus » est également un point d'unicité. La psychologie humaniste nous rappelle que le sens de la vie ne réside pas dans l'adaptation, mais dans l'expression de soi. Et lorsque vous vous donnez la permission d'être vous-même, vous faites également de la place pour que les autres puissent respirer sans crainte. Votre bizarrerie peut être le refuge émotionnel que quelqu'un d'autre recherchait.

La diversité n'est pas le désordre : c'est l'harmonie dans le mouvement

La nature est différente : il n'y a pas deux feuilles identiques, il n'y a pas deux ciels identiques et il n'y a pas qu'une seule façon de prospérer. Pourtant, tout fonctionne avec une beauté imprévisible. La même chose devrait se produire avec les humains. Penser différemment n'est pas une menace, c'est une chance. Dans une perspective d'apprentissage collectif, partager avec ceux qui ne sont pas comme vous élargit vos horizons, bouscule vos préjugés et humanise votre vision. Au lieu de demander : « Pourquoi êtes-vous comme ça ? », nous pourrions commencer par dire : « Comme vous êtes intéressant ».

La différence n'a pas besoin de défense, elle a besoin d'espace

Beaucoup de gens passent leur vie à demander la permission d'exister : expliquer leur façon de s'habiller, justifier leur identité, adoucir leur personnalité pour ne pas les mettre mal à l'aise. Mais la diversité n'a pas besoin d'explications, elle a besoin d'être acceptée. Dans la thérapie affirmative, c'est exactement ce que nous faisons : arrêter de défendre ce qui est tout simplement. Nous ne sommes pas venus au monde pour convaincre qui que ce soit que nous méritions le respect, mais pour prendre notre place sans remords de ne pas avoir respecté la liste standard.

Célébrer, pas seulement accepter

Accepter la diversité est le minimum. C'est le vrai changement qui est de le célébrer. Il ne suffit pas de « tolérer » la différence en tant que quelqu'un qui souffre de bruits gênants. Il s'agit de reconnaître que les différences rendent le monde plus riche, plus sage et plus humain. Et que chaque fois que quelqu'un ose vivre son authenticité à voix haute, il ouvre la voie aux autres pour qu'ils mettent également de côté leur peur. La célébration ne vous oblige pas à tout comprendre, mais à être prêt à ouvrir les yeux et à lâcher prise de l'ego qui croit qu'il a la seule vérité.

Parce que l'âme ne se mesure pas en étiquettes, mais en liberté

La vraie beauté est dans les nuances, dans les contrastes, dans le mélange, dans ce qui ne colle pas. Aimer la diversité, c'est aimer la vie sous toutes ses formes. Et quand on commence à regarder l'autre sans chercher le reflet, mais je le trouve, on cesse d'avoir peur de ce qu'on ne comprend pas... Et nous avons commencé à en tirer des leçons.

Parce que dans un monde où beaucoup veulent que vous ressembliez à tout le monde, être vous-même – et respecter le fait que les autres le sont aussi – est l'acte le plus révolutionnaire, le plus empathique et le plus beau que vous puissiez choisir.

Bien-être holistique : les avantages de l'authenticité sur la santé mentale, émotionnelle et physique

Être soi-même, ce n'est pas seulement libérer... C'est aussi sain. Littéralement. L'authenticité, entendue comme la cohérence entre ce que l'on ressent, pense, dit et fait, est l'un des fondements les plus solides du bien-être intégral. De la psychologie clinique à la médecine psychosomatique, les études s'accordent à dire que vivre déconnecté de la vérité génère un épuisement profond : anxiété, fatigue, tristesse chronique, troubles digestifs, insomnie et même douleurs physiques sans explication apparente. Ce n'est pas de la magie, c'est de la biologie : faire semblant d'être fatigué, tuer les malades et se mentir à soi-même a des effets secondaires. D'autre part, lorsque vous vivez à l'écoute de vous-même, votre corps le remarque, votre esprit l'apprécie et votre système nerveux finit par baisser sa garde.

Santé mentale : moins de conflits internes, plus de clarté émotionnelle

Vivre de manière authentique réduit le bruit mental. Vous n'avez pas besoin de vous rappeler quelle version de vous-même vous avez montrée ou d'agir en fonction de ce que les autres attendent. De la thérapie cognitive, l'authenticité réduit la dissonance cognitive : ce court-circuit entre ce que vous pensez et ce que vous faites. Lorsque ce conflit disparaît, votre esprit se sent plus clair, vos émotions moins confuses et votre estime de soi plus stable. Vous n'avez plus besoin de porter un masque à chaque fois que vous sortez, car le visage que vous montrez ressemble beaucoup à celui que vous avez à l'intérieur. Et cette cohérence, même si elle semble simple, est une énorme rupture émotionnelle.

Santé émotionnelle : moins de culpabilité, plus de passion pour soi

Être authentique, c'est aussi reconnaître ses émotions sans les juger. Il n'est plus nécessaire de déguiser la colère en sarcasme, la tristesse en engagements, la joie en modestie. Vous pouvez vous sentir non censuré. La psychologie émotionnelle l'appelle la littératie émotionnelle : savoir ce que l'on ressent, savoir ce dont on a besoin. Et lorsque cela se produit, des mécanismes d'autorégulation plus sains sont activés. Au lieu de tout faire exploser ou de tout avaler, vous apprenez à vous exprimer clairement. Et quelque chose change : vous cessez d'exiger la perfection de vous-même et commencez à pratiquer la compassion. Il n'est pas toujours nécessaire d'être la meilleure version de soi-même... Juste une version honnête.

Santé physique : le corps respire aussi l'authenticité

Même si cela n'en a pas l'air, le corps écoute tout ce que vous tenez en silence. Lorsque vous vivez dans une tension constante pour plaire, plaire ou faire semblant, le système nerveux s'active comme si vous étiez en danger constant. Cela produit un excès de cortisol, altère le sommeil, abaisse les défenses et affecte la digestion. La médecine intégrative l'a prouvé à maintes reprises : un stress émotionnel prolongé génère des symptômes physiques. Mais lorsque vous commencez à être vous-même, votre corps cesse de lutter contre une identité empruntée et se détend. Vous respirez plus facilement. Dormez plus profondément. Mangez plus consciemment. Votre posture change. Votre énergie se stabilise. Parce que, finalement, vous êtes tous alignés.

Des relations plus saines : quand on n'a plus besoin de traduire

Être authentique n'est pas seulement un cadeau que l'on s'offre à soi-même. C'est aussi une invitation pour vos relations à respirer. Parce que lorsque vous cessez de plaire par obligation et que vous commencez à vous montrer pour ce que vous êtes vraiment – avec vos lumières, vos intrigues et vos rires gênés – quelque chose est rangé : le faux est filtré et le vrai reste.

Arrêtez de gaspiller de l'énergie à calculer chaque mot ou à mesurer vos gestes comme si vous étiez dans une conversation éternelle. Et cela, en plus de vous libérer, dégage le paysage. Ceux qui n'étaient là que pour la version adoucie de vous, commencent à disparaître. Et à leur place, il y a ceux qui n'ont pas besoin que vous agissiez pour vouloir rester.

Les relations authentiques sont moins bruyantes, mais beaucoup plus fortes. Ils discutent sans théâtre, rient sans poser et pleurent sans honte. Et ce n'est pas qu'il n'y a pas de conflits, bien sûr qu'il y en a. Mais la différence, c'est qu'au lieu d'exploser, ils parlent. Parce que lorsque les deux parties se montrent pour ce qu'elles sont, il n'est pas nécessaire de se faire des diseurs de bonne aventure émotionnels.

De la psychologie des liens, c'est plus que prouvé : lorsque deux personnes s'autorisent à être authentiques, le lien devient plus durable, plus résistant et beaucoup plus nourrissant. Non seulement parce qu'ils se comprennent mieux, mais aussi parce qu'ils se sentent plus en sécurité émotionnellement.

Et la meilleure chose est que la paix émotionnelle qui est atteinte n'a pas de prix. Dormir paisiblement, sachant qu'il n'est pas nécessaire d'entretenir un caractère pour soutenir ses relations, est une forme de bien-être qui ne se vend pas en bocaux, mais qui se remarque sur la peau, dans l'esprit, dans l'âme.

Donc, si vous vous êtes déjà demandé si cela valait la peine d'être vous-même, même si cela fait peur à quelqu'un, la réponse est simple : oui. Car pour chaque porte qui se ferme pour ne pas faire semblant, une fenêtre s'ouvre avec une vue sur de vraies connexions. Parmi ceux qui ne vous obligent pas à porter de costumes... seulement la présence. Et dans un monde où il y a tant de filtres, c'est un miracle émotionnel.

L'authenticité : la recette la plus puissante qui n'est pas vendue en pharmacie

Être authentique ne signifie pas passer sa vie à crier des vérités comme des balles ou à transformer chaque conversation en une confession dramatique. Il ne s'agit pas de tout exposer, mais de ne pas cacher l'essentiel. Être authentique, c'est quand vous arrêtez de demander au monde la permission d'être vous-même. C'est quand vous décidez que votre paix vaut plus que l'approbation des autres et que votre vérité – peu importe à quel point elle peut être inconfortable, étrange ou changeante – mérite d'être entendue, en commençant par vous.

L'authenticité n'est pas seulement une belle valeur à écrire sur les réseaux sociaux ou à tatouer sur l'avant-bras. C'est un outil pour la santé mentale. Quand vous commencez à vivre de manière cohérente, quand vous cessez d'agir comme si vous étiez un personnage secondaire dans votre histoire, le corps s'apprécie. L'anxiété s'estompe, l'insomnie se calme, vous respirez plus profondément, votre estomac ne se tord plus autant. Parce que faire semblant c'est fatigant, mais se mentir à soi-même... Malade.

Être soi-même sans fantasmes, c'est comme enlever une chaussure serrée à la fin de la journée. Vous ne saviez pas à quel point cela faisait mal jusqu'à ce que vous ressentiez le soulagement. L'authenticité au début est effrayante, oui. Vous vous sentez exposé, fragile, étrange. Mais ensuite, quand vous voyez que le monde ne s'arrête pas parce que vous cessez d'aimer, les bonnes choses commencent. Vous pouvez choisir ce qu'il faut faire, ce qu'il ne faut pas faire, ce qu'il faut faire maintenant, ce qu'il ne faut plus jamais faire. Votre énergie n'est plus gaspillée à porter des masques. Vos cravates sont propres. Ses paroles pèsent différemment.

Et attention, être authentique ne signifie pas être éclairé où avoir tout clair. Au contraire, souvent pour être authentique, c'est-à-dire : « Je ne sais pas exactement qui je suis, mais au moins je ne veux pas continuer à me trahir ». C'et s'autoriser à se contredire, à changer d'opinion, à ressentir beaucoup ou à ne rien ressentir, mais sans se juger pour cela. C'est se regarder dans le miroir et, même si vous n'aimez pas tout ce que vous voyez, savoir qu'au moins vous voyez quelqu'un de réel.

Dans un monde qui applaudit les apparences et pénalise la différence, être soi-même sans remords est révolutionnaire. C'est de la médecine pure. Il n'a pas d'effets secondaires, mais il a un grand effet secondaire : la liberté. Et quand vous vivez dans cet endroit, vous ne vous contentez pas de guérir... Vous invitez aussi les autres à se débarrasser de leurs fantasmes, à baisser le volume de la peur et à se rappeler que nous ne sommes pas venus pour faire semblant. Nous sommes venus pour vivre. Et la vie, vraiment, commence quand vous avez le courage d'être qui vous êtes, sans anesthésie.

Les relations authentiques : la profondeur des liens lorsqu'ils sont enracinés dans la vérité

Les relations les plus profondes ne se construisent pas avec la perfection, mais avec la vérité. Ils ne viennent pas du fait d'avoir l'air bien, ou d'être d'accord sur tout, ou de cacher les parties que nous pensons que l'autre personne n'acceptera pas. Elles naissent lorsque nous baissons la garde et que nous avons le courage d'être qui nous sommes vraiment, avec nos lumières, nos ombres, nos blessures, nos peurs, nos contradictions et nos manies. D'après la psychologie des liens authentiques, la véritable connexion se produit lorsque les deux personnes se rapportent l'une à l'autre à partir de l'être, et non à partir de ce qu'elles devraient être. Il n'y a pas de jeu des apparences, il n'y a pas de pacte tacite du « je fais semblant et vous aussi ». Il y a de l'honnêteté. Et bien que cela soit inconfortable au début, cela crée des liens beaucoup plus forts et plus humains.

Moins de façade, plus de présence

Lorsque vous n'avez pas besoin d'impressionner, vous pouvez être vraiment présent. Vous ne pensez plus à la façon d'avoir l'air plus intéressant, ou de calculer si ce que vous avez dit était trop, ou si vous avez peur de paraître fragile. Vous pouvez simplement être. Cela change complètement la qualité de la relation : vous passez de la performance émotionnelle à la véritable intimité. De la thérapie de couple et des liens conscients, on observe que les relations les plus saines ne sont pas celles qui ont le moins de conflits, mais celles qui ont la plus grande capacité à être honnête sans se détruire mutuellement. Et cela n'est possible que lorsqu'ils sentent tous les deux qu'ils n'ont pas besoin de se cacher.

La confiance ne naît pas de la beauté, mais de la cohérence

Se montrer tel que l'on est peut faire peur, mais cela vous permet aussi de construire une sorte de confiance que vous n'obtenez pas avec de faux sourires. Parce que quand quelqu'un vous voit pleurer, vous mettre en colère, faire une erreur ou avouer une peur et rester quand même, vous comprenez que ce lien a des racines. Les relations fondées sur la vérité sont moins parfaites, oui, mais beaucoup plus résilientes. Il n'y a plus grand-chose à expliquer ou à justifier : il y a un langage émotionnel silencieux qui dit « je te vois, je te comprends, tu n'as pas besoin d'agir sur moi ».

Vulnérabilité partagée : le ciment de véritables liens

Être vulnérable n'est pas un acte de faiblesse, mais de courage émotionnel. Et lorsque deux personnes se permettent de partager à partir de cet endroit, le lien devient plus profond. Il n'y a plus seulement des mots : il y a de l'harmonie. Issue de la psychologie humaniste, cette ouverture crée un espace de résonance dans lequel l'autre n'est pas un observateur, mais un compagnon de route. Et dans ce domaine, il y a quelque chose qui ne se passe pas dans les relations superficielles : la possibilité de guérison. Parce que lorsque quelqu'un vous valide avec de l'expérience et non un jugement, quelque chose en vous se détend et vous commencez à croire que vous n'êtes plus seul.

Les relations qui nourrissent n'épuisent pas

Les liens authentiques ne semblent pas être une obligation ou une lutte constante pour les maintenir. Ils semblent être une pause. Non pas parce que tout est parfait, mais parce que tout est réel. Au lieu de quitter une conversation épuisé ou confus, vous vous sentez vu. Compris. Parfois même plus soi-même qu'avant. En psychothérapie, on parle de régulation émotionnelle : la présence de l'autre aide à réguler votre monde intérieur. Et cela ne se fait pas avec des liens basés sur l'apparence, mais avec ceux qui sont faits de véritables crus partagés.

Parce que lorsque la relation est authentique, il n'y a pas besoin d'agir : il y a besoin de présence

Mentir est séduisant parce que c'est pratique. Il vous accueille dans une histoire éditée, avec des dialogues répétés et une fin heureuse provisoire. Mais la vérité, aussi inconfortable soit-elle, a des racines. Il ne s'évapore pas lorsque les circonstances changent, il ne se brise pas au premier conflit, il n'a pas besoin de vérification orthographique avant de partir. La vérité n'embellit pas, affirme-t-il. Et dans un monde plein de relations en carton, où tout est rapide, esthétique et parfaitement publiable, trouver un lien où vous pouvez enlever votre armure, c'est comme trouver de l'eau au milieu d'un désert émotionnel.

Une vraie relation n'a pas toujours l'air bien sur les photos. Parfois, on a l'impression d'avoir une conversation matinale où les deux sont épuisés mais décident de ne pas abandonner. Ou comme un silence gênant que personne n'essaie de remplir avec des phrases bon marché. Il se voit comme deux personnes qui se permettent d'être étranges, fragiles, intenses, contradictoires. Qui semblent ne pas avoir de constitution de l'âme et, même ainsi, choisissent de rester. Ce n'est pas construit avec des filtres, c'est construit avec de la vérité. Et cette vérité, même si elle fait mal, même si elle fait ressortir le pire avant de montrer le meilleur, est la base de tout ce qui vaut la peine.

Parce que les plus belles relations ne sont pas celles qui semblent éternelles dès la première rencontre, mais celles qui survivent au premier effondrement sans perdre le respect. Celles qui se réinventent sans trahir leur essence. Ceux qui n'ont pas peur de montrer des cicatrices, ou d'admettre qu'ils ont parfois peur, ou d'avouer que tout n'est pas clair..., mais même ainsi, ils sont toujours là, s'accrochant à l'honnêteté comme seule boussole.

À une époque où ce que vous apparaissez a plus de valeur que ce que vous êtes réellement, être capable d'aimer et d'être aimé sans agir, sans essayer, sans avoir à gagner des points pour un bon comportement, est révolutionnaire. C'est profondément apaisant. Parce que quand quelqu'un vous aime sans que vous ayez à vous mentir à vous-même pour le mériter, vous découvrez quelque chose de puissant : vous n'avez pas besoin d'être parfait pour être digne d'amour. Vous avez juste besoin d'être vous-même. Et trouver quelqu'un qui ose faire de même.

En fin de compte, le réel n'est pas parfait. Mais la perfection n'est pas vraie non plus. Et entre les deux, ce qui semble vivant, même si ça fait mal parfois, sera toujours mieux que ce qui semble beau mais qui est vide à l'intérieur. Parce que dans l'imparfait qui est construit avec la vérité... C'est là que réside vraiment l'amour. Pas de filtre. Pas de script. Intrépide.

Le pouvoir de la vulnérabilité : comment l'ouverture renforce les liens humains

Dans une culture qui récompense l'autosuffisance, le sang-froid et une image irréprochable, être vulnérable semble fou. Mais en psychologie émotionnelle, la vulnérabilité n'est pas un défaut qui doit être corrigé, mais un outil puissant pour créer des liens authentiques. Ouvrir ne signifie pas déborder sans mesure, mais se montrer sans masques. Et bien que cela soit effrayant – parce que cela signifie le risque d'être blessé, incompris ou rejeté – c'est aussi la seule façon de faire l'expérience d'une connexion humaine profonde. Parce que personne ne peut vraiment vous aimer si vous ne vous voyez jamais vraiment.

Être courageux, ce n'est pas avoir peur, c'et s'ouvrir malgré lui

Être vulnérable, c'est dire « j'ai peur », « je ne sais pas quoi faire », « ça me fait mal », « j'ai besoin d'aide ». Et cela, dans une société qui applaudit le contrôle émotionnel comme s'il s'agissait de maturité, ressemble à un saut sans filet. Mais c'est là que la magie commence. En thérapie, on le voit au quotidien : les personnes qui se permettent de se montrer telles qu'elles sont, même dans les moments les plus embarrassants ou brisés, génèrent plus d'empathie et de confiance dans leurs relations. Parce que quand l'un s'ouvre, il dit à l'autre : « J'espère que tu ne vas pas utiliser cela contre moi. » Et cela crée une intimité qu'aucune conversation superficielle ne peut atteindre.

Être imparfait invite l'autre à faire de même

La vulnérabilité est contagieuse, dans le meilleur sens du terme. Lorsque quelqu'un ose parler avec son cœur, sans poses ni armure, il donne la permission à l'autre personne d'enlever également le costume. Ce qui commence comme une confession inconfortable peut se terminer par une conversation libératrice. De la psychologie des groupes thérapeutiques et des communautés, on appelle cela la modélisation émotionnelle : une personne qui s'ouvre émotionnellement génère un effet miroir sur ceux qui l'entourent. Et c'est dans cette réflexion que naît la vraie connexion, non pas du caractère, mais de l'âme.

La vulnérabilité n'est pas une faiblesse : c'est une conscience émotionnelle dans sa forme la plus pure

Il y a une grande différence entre être vulnérable et être dépendant, dramatique ou instable. S'ouvrir ne signifie pas tout abandonner sans filtre ou attendre que l'autre personne vous sauve. Cela signifie parler de votre centre, honnêtement, pour vous connecter, pas pour manipuler. C'est l'acte de dire « c'est ce que je ressens » sans rien attendre en retour. Et lorsque vous y parvenez, vous commencez à entrer en relation à partir d'un endroit plus mature, plus conscient, plus présent. La thérapie intégrative insiste sur le fait qu'il n'y a pas de santé émotionnelle sans vulnérabilité : le contraire est l'anesthésie, et l'anesthésie émotionnelle peut sembler fonctionnelle..., mais elle tue le lien.

L'ouverture soigne aussi le corps : ce n'est pas seulement une question d'âme

Les émotions qui ne sont pas exprimées ne disparaissent pas : elles s'accumulent dans le corps. La tension de faire semblant, l'effort de toujours bien paraître, le fardeau de garder le silence sur ce qui fait mal, tout cela se manifeste sous la forme d'insomnie, de douleurs musculaires, d'anxiété, de fatigue constante. Mais lorsque vous parlez à partir de la vérité, même d'une voix tremblante, vous vous libérez d'un fardeau. Ce n'est pas une coïncidence si beaucoup de gens pleurent de soulagement après avoir dit quelque chose qu'ils ont gardé pendant des années. C'est le corps qui perd du poids. Et parfois, ce premier pas vulnérable est plus curatif que n'importe quelle pilule.

Connexion humaine : ce qui se passe lorsque quelqu'un vous regarde et ne vous fuit pas

Il y a peu de choses plus apaisantes que d'être vulnérable et, au lieu d'être rejeté, de recevoir un câlin. Ce moment où vous osez dire « c'est qui je suis, avec tout et rien » et que l'autre personne non seulement ne s'enfuit pas, mais reste... Il marque un avant et un après. C'est comme si l'âme libérait l'air qu'elle a retenu pendant des années.

Parce que c'est à ce moment-là que ce dont la vie a souffert commence à guérir : la honte de ne pas se sentir assez, la peur de l'abandon de ne pas être « ce qu'on attend », le jugement que l'on a appris à se faire devant les autres. Se montrer en chair et en os et ne pas être puni pour cela... Cela reconfigure l'histoire émotionnelle de n'importe qui.

Et le fait est que l'amour véritable, celui qui vaut vraiment la peine, n'est ni vaincu ni forcé. Vous ne négociez pas ou ne gagnez pas sur le mérite. Cela vient quand vous baissez votre garde. Lorsque vous n'agissez plus, ou ne demandez plus pardon pour exister tel que vous êtes. Et s'il reste après vous avoir vu comme ça, sans bouclier ni pose, alors oui : c'est du bon amour.

À partir de ce moment-là, tout change. Parce que vous n'avez plus besoin d'être la version la plus forte, la plus drôle ou la plus réussie pour vous sentir digne d'affection. Vous pouvez pleurer, échouer, vous sentir perdu... Et ils méritent toujours de la compagnie. Et personne ne peut vous enlever cette certitude. C'est votre point d'ancrage émotionnel lorsque le monde extérieur devient difficile.

Et quelque chose de curieux se produit : plus nous enlevons les filtres, plus nous nous connectons. Pas du caractère, mais de l'humain. Parce que personne ne tombe dans le piège de la composition émotionnelle que nous utilisons pour nous intégrer. Nous tombons amoureux de ce qui bat en dessous.

Rire spontané, silence confortable, regard sans jugement.

Donc, si vous envisagez de continuer à vous cacher pour qu'ils vous veulent, arrêtez. Parce que lorsque vous avez enfin le courage d'être sans demander la permission, vous trouvez des liens où vous n'avez pas à négocier votre existence. Et puis, c'est là que naît cet amour inconditionnel. Celui qui ne vous demande pas d'être parfait... Et cela, même si cela peut sembler petit, est tout.

Inspirer les autres : comment votre authenticité peut ouvrir la voie à ceux qui viennent après

Être soi-même n'est pas seulement un acte personnel de libération, c'est aussi une déclaration publique de possibilités. Chaque fois que vous choisissez de vous montrer tel que vous êtes, sans cacher vos émotions, vos différences ou votre histoire, vous faites quelque chose de bien plus grand que la défense de votre identité : vous ouvrez une porte pour que les autres soient encouragés à la franchir également. D'après la psychologie sociale et du développement, les comportements authentiques sont connus pour avoir un puissant effet de modélisation. C'est-à-dire que lorsque quelqu'un voit que vous vous choisissez plutôt que la peur, il commence à se demander s'il pourrait faire la même chose.

Votre histoire pourrait être la carte de quelqu'un d'autre

Peut-être essayez-vous simplement de survivre, de trouver votre voix, de vous reconstruire à partir de qui vous êtes. Mais, sans s'en rendre compte, son procès sert de référence à une autre personne qui n'ose toujours pas. Lorsque vous partagez ce que vous avez ressenti, ce dont vous avez douté, ce que vous avez perdu et ce que vous avez choisi, vous donnez de la lumière. La psychologie narrative montre que des histoires personnelles bien racontées non seulement inspirent, mais réparent également. Parce que lorsque quelqu'un sent que quelqu'un comme lui a réussi, une nouvelle conviction intérieure s'active : peut-être que je peux le faire aussi.

Le courage est contagieux : on ose et quelqu'un se libère

Il n'y a rien de plus puissant que de voir quelqu'un être cohérent avec lui-même, même si cela lui coûte du confort. Ce courage a un effet expansif. Parfois, il n'a même pas besoin de parler : juste sa présence, sa façon de marcher, sa façon de dire : « c'est qui je suis et je ne m'en excuse pas ». D'après la psychologie du leadership émotionnel, les références ne sont pas celles qui ont le plus d'adeptes, mais celles qui vivent en harmonie avec leur vérité. Et vous, vivant de votre authenticité, devenez une référence silencieuse pour ceux qui cherchent une issue au labyrinthe.

Même vos erreurs vous inspirent si vous les affrontez avec vérité

Il est facile de montrer vos résultats ; Montrer vos chutes et vous tenir debout à un impact beaucoup plus fort. Les gens ne se connectent pas à votre perfection, mais à votre humanité. Et lorsque vous vous montrez au milieu du processus, sans avoir la prétention d'avoir tout sous contrôle, vous enseignez quelque chose de beaucoup plus précieux que le succès : vous enseignez la voie.

Du point de vue de la psychologie de la résilience, l'histoire de la victoire a toujours plus de valeur que celle de la victoire. Parce que le premier motive, tandis que le second intimide parfois. Être authentique, même dans les moments les plus vulnérables, n'en diminue pas la valeur : cela le rend réel. Et c'est ce qui laisse des traces.

Briser le moule, c'est faire de la place pour ceux qui viennent

Son authenticité remplit également une fonction collective. Remettre en question ce qui est imposé, rendre visible ce qui a été réduit au silence, ouvrir des conversations inconfortables... Tout cela améliore non seulement votre vie, mais aussi le monde pour ceux qui ne peuvent pas encore parler. D'un point de vue éthique et social, choisir d'être soi-même à voix haute est aussi un acte de générosité. Parce que si vous le faites, quelqu'un comprendra que ce n'est pas mal d'être différent, que vous n'êtes pas détruit, que vous n'êtes pas seul.

Votre liberté vous ouvre la voie. Leur voix légitime d'autres voix. Votre présence, telle qu'elle est, peut être le refuge que l'autre n'a pas encore trouvé en lui-même.

Parce qu'être soi-même n'est pas seulement pour soi : c'est aussi pour ceux qui n'en ont pas encore le courage

Chaque fois que vous choisissez de ne pas vous cacher, vous plantez quelque chose. Parfois, ce sera de l'admiration, d'autres fois ce sera de l'inconfort. Mais ce sera toujours une invitation : à regarder différemment, à vivre plus librement, à briser le moule, à choisir de l'intérieur. Ne sous-estimez pas le pouvoir de votre authenticité. Tout le monde n'applaudira pas, mais beaucoup se souviendront de vous comme de celui qui a allumé l'étincelle. Et si même une seule personne ose commencer son voyage grâce à la sienne, cela en aura valu la peine.

Parce que parfois, inspirer ne signifie pas faire de grandes choses. C'est juste audacieux d'être. Et faites-le à voix haute.

Soyons clairs : la révolution commence par votre voix

Dans un monde où tant de gens parlent, crient, expriment leurs opinions et publient, il semble qu'élever la voix ne fait que faire plus de bruit. Non. Élever la voix pour l'acceptation et la diversité, ce n'est pas créer un scandale, c'est faire de la place. En d'autres termes, « me voici » dans un système qui nous a si souvent dit « mieux vaut se taire ». Eh oui, parfois cela vous met mal à l'aise. Mais ce qui ennuie vraiment, ce n'est pas le son, mais la vérité derrière ce son. Parce qu'accepter la diversité, ce n'est pas applaudir ce qui est « différent » comme s'il s'agissait d'un numéro de cirque. C'est comprendre qu'il n'y a pas de bon moule pour être humain.

Silencieux, vous regardez plus... Opprimé

On nous a appris qu'il est de mauvais goût de parler de certaines choses. Que le personnel ne le dis-le pas à voix haute. Que celles qui sont différentes doivent rester à la maison ou se maquiller pour ne pas les effrayer. Mais ce qui n'est pas nommé n'existe pas. Et ce qui n'existe pas, ne se défend pas. Par conséquent, élever la voix est un acte d'existence. Parce que lorsque vous avez le courage de dire ce que vous êtes, ce que vous pensez, ce dont vous rêvez et ce que vous ne vous permettrez plus, quelque chose change. Peut-être pas le monde entier, mais le mètre carré qui l'entoure. Et cela, croyez-moi, est plus révolutionnaire que n'importe quel discours politique.

Son authenticité n'est pas le bruit : c'est une fréquence nécessaire

Être soi-même à voix haute ne signifie pas faire des discours avec un violon triste en arrière-plan. Parfois, il s'agit simplement de dire « non » sans s'excuser, de s'habiller comme on veut, d'aimer comme on est né ou d'oser occuper un espace sans avoir l'impression de voler de l'air. C'est déjà de l'activisme émotionnel. Parce que son existence telle qu'elle est – non modifiée, non filtrée et non autorisée – dit au monde qu'il peut vivre sans faire semblant. Par-dessus tout, il donne la permission à d'autres qui ne sont pas encore encouragés. Vous êtes le micro dont quelqu'un d'autre avait besoin pour commencer à chanter sa musique.

Parfois, élever la voix signifie aussi lever un sourcil

Se battre pour l'acceptation et la diversité ne signifie pas se promener avec des bannières 24 heures sur 24 et 7 jours sur 7 (même si vous le faites, vous ne manquerez pas de SHINE). Parfois, il suffit de remettre en question une blague qui n'est pas ridicule, de pointer du doigt une injustice que tout le monde ignore, de corriger le garçon qui continue de croire que « c'est une tendance ». Parce qu'à chaque fois que vous parlez, vous semez une graine inconfortable. Eh oui, il se peut qu'il ne pousse pas immédiatement. Mais, tôt ou tard, quelqu'un s'assiéra et se rendra compte que la diversité ne mord pas, c'est la diversité qui libère.

Vous n'êtes pas seul : d'autres attendent que vous commenciez à les suivre

Parfois, nous pensons que nous sommes les seuls étrangers, différents, sensibles, « intenses ». Mais croyez-moi : il y a beaucoup de gens qui se sentent en dehors du système, en attendant que quelqu'un dise ce qu'ils n'ont toujours pas le courage. Élever la voix, ce n'est pas crier pour être entendu. Il s'agit de parler pour que les autres se souviennent qu'ils ont aussi une gorge. Cela signifie allumer afin que personne d'autre n'ait à s'habiller dans l'obscurité de la culpabilité ou de la honte.

Et si vous voulez faire du bruit, que ce soit le bon

L'acceptation et la diversité ne sont pas des questions à la mode ou des slogans électoraux. Il s'agit de droits de l'homme, d'émotions fondamentales, de structures sociales qui ne peuvent plus être facultatives. Alors oui, faites du bruit. Mais faites-le avec intention, avec humour, avec vérité et avec cette authenticité qui agace parfois mais éclaire toujours.

Parce qu'en fin de compte, ce n'est pas le monde qui l'applaudit. Ça y est, quand on parle, on s'écoute. Et dire sans crainte : c'est moi, c'est moi, c'est moi... et je ne veux pas m'excuser d'exister de cette façon.

Un avenir aux portes plus ouvertes : la vision d'un monde où la différence est célébrée et non punie

Imaginez un monde où ils ne s'excusent pas avant de vous dire qui ils sont, où personne n'a à répéter son histoire personnelle comme s'il s'agissait d'un entretien d'embauche, où les portes ne sont pas verrouillées mais décorées de panneaux qui disent : « Entrez, tout va bien ». Un tel monde n'est pas une utopie... C'est une dette. Parce que la vérité est que, jusqu'à présent, beaucoup ont appris à se plier en quatre par des portes conçues pour les petites identités. Et cela, même déguisé en tradition ou en morale, est la violence avec l'arc.

Et si la différence n'était pas tolérée, mais applaudie ?

La tolérance n'est que la première étape. C'est comme dire : « Je te laisse rester ici, mais ne fais pas trop de bruit. » D'autre part, célébrer la différence, c'est autre chose : c'est l'invité à table, lui donner de l'espace, apprendre d'elle, rire avec ses codes, la laisser peindre le monde avec des couleurs dont elle ignorait l'existence. D'un point de vue psychologique et humain, vivre dans la diversité n'est pas une faveur faite aux « autres » ; C'est un don qu'Il se fait à Lui-même. Parce qu'à chaque fois que vous vous ouvrez à la différence, votre monde s'élargit, votre ego se relâche et les préjugés se désinstallent comme s'ils n'étaient plus des applications utiles.

L'avenir ne se construit pas avec des moules, mais avec de nouveaux matériaux

Si nous continuons à répéter les anciennes formules, nous ne ferons que reproduire les mêmes exclusions avec de meilleurs filtres. Un monde aux multiples portes ouvertes implique de repenser notre façon d'éduquer, d'aimer, d'embaucher, d'écouter. Cela signifie arrêter de demander « pourquoi es-tu comme ça ? » et commencer à dire « c'est bien que tu sois comme ça ». Il s'agit de créer des environnements où personne n'a besoin de demander la permission d'exister, ou des explications pour exister. Parce que l'étrange n'est pas étrange : c'est juste quelque chose que vous n'avez pas encore compris... Et ce n'est d'ailleurs pas la faute de l'autre.

Que les étiquettes ne remplacent pas les invitations

Il ne s'agit pas de mettre tout le monde sur une nouvelle étiquette inclusive. Il s'agit de comprendre que chaque être humain est plus qu'un acronyme, un drapeau ou une case sur un formulaire. Dans cet avenir où les portes sont plus ouvertes, ce qui est célébré n'est pas seulement l'identité, mais l'histoire qui se cache derrière. Il célèbre le courage de ceux qui ont osé se montrer, la patience de ceux qui continuent à expliquer, les rires partagés entre ceux qui ne se ressemblaient pas du tout, mais qui ont décidé de construire quelque chose ensemble.

La différence n'est pas une menace, c'est un médicament

Dans un monde où tant de gens continuent de rivaliser pour avoir raison, la différence nous rappelle qu'il n'y a pas qu'une seule façon de vivre, de ressentir ou d'être. Que nous pouvons coexister sans nous cloner les uns les autres. Que nous pouvons être en désaccord sans dire au revoir. Que nous pouvons construire des ponts avec du bois d'une couleur différente. La diversité ne désorganise pas : elle organise les pièces de manière que personne ne soit laissé pour compte.

Et si l'avenir est ouvert, qu'il le soit avec style

Un avenir véritablement libre ne sera pas silencieux ou monochromatique. Ce sera bruyant, vibrant, parfois inconfortable et souvent imprévisible. Mais ce sera plus juste. Sûr. Plus humain. Et non pas parce que nous sommes tous les mêmes, mais parce que nous aurons enfin compris que cela n'a jamais été nécessaire pour vivre ensemble.

Parce que célébrer la différence, ce n'est pas seulement ouvrir une porte... C'est enlever le verrou de la peur. Et de faire du monde un lieu où tout le monde peut entrer et danser, même s'ils le font au mauvais moment.

Rappel : Vivre derrière des portes ouvertes est un processus, pas un destin

Personne ne se réveille un jour ensoleillé, jette les clés par la fenêtre et crie « à partir d'aujourd'hui, je vis avec une âme ouverte ! ». Je l'espère. Mais la vérité est que vivre avec les portes ouvertes n'est pas un feu d'artifice épique... C'est un processus quotidien, parfois inconfortable, souvent déroutant et presque toujours plein de mini-victoires qui ne sont que perceptibles. Il s'agit d'ouvrir des serrures intérieures qui ont été rouillées pendant des années à cause de la peur, du jugement ou de l'habitude. Ce n'est pas un objectif qui est atteint avec un certificat, mais une pratique constante qui commence chaque fois que vous décidez de ne pas vous cacher.

Un jour, vous aurez le courage de dire ce que vous pensez. Pas un autre. Et ce n'est pas grave

Il y a des jours où vous vous sentez libre, fort, et vous pensez même que vous pouvez donner une conférence TED sur l'authenticité. Et le lendemain, grincer des dents à nouveau devant le regard de quelqu'un d'autre ou se taire pour éviter les ennuis. Cela ne fait pas de vous un hypocrite. Devenez humain. Parce que vivre avec un cœur ouvert ne signifie pas ne plus jamais avoir peur, mais apprendre à marcher avec cette peur sans la laisser vous refermer à nouveau. Du point de vue de la psychologie de la croissance, l'important n'est pas combien de fois vous doutez, mais combien de fois vous vous choisissez, même si c'est avec une voix tremblante.

Toutes les portes ne s'ouvrent pas soudainement... Certains ont besoin d'huile, de temps et de thérapie

Il y a de vieilles blessures qui ne peuvent pas être résolues avec de belles déclarations ou des phrases en coupe. Ils nécessitent un travail intérieur, de la patience, parfois une aide professionnelle et souvent l'abandon de l'idée qu'il faut « aller plus vite ». Chaque porte que vous décidez d'ouvrir vous confronte à des parties de vous-même que vous avez peut-être laissées dans le sous-sol émotionnel. Et c'est fatigant. Mais aussi gratuit. Le processus de vivre dans l'ouverture est comme un mouvement émotionnel : déroutant, plein de choses que vous ne saviez pas encore que vous portiez, mais aussi plein de surprises qui vous rappellent à quel point vous avez grandi en vous-même.

Vivre avec les portes ouvertes ne signifie pas laisser entrer qui que ce soit

Ne confondez pas ouverture et absence de limites. S'ouvrir au monde ne signifie pas laisser entrer tout le monde avec des chaussures sales et des opinions toxiques. Cela signifie choisir consciemment ce que l'on partage, avec qui et quand. L'ouverture authentique n'est pas une exposition excessive, c'est une intimité volontaire. Et cela, plus que la vulnérabilité, est la sagesse émotionnelle. Vous décidez qui traverse, qui observe de l'extérieur et qui ne sonne même pas à la porte.

Chaque tentative compte, même celles qui semblent infructueuses

Il a montré sa véritable opinion et a été ignoré. Vous avez parlé avec votre cœur et ils ne vous ont pas compris. Vous avez osé être vous-même... Et ils l'ont critiqué. Et? Cela signifie-t-il que cela n'en valait pas la peine ? Pas du tout. Chaque fois que vous choisissez de vous ouvrir, même si le résultat n'est pas idéal, vous renforcez vos muscles émotionnels. Vous pratiquez la cohérence, le courage, la fidélité à votre histoire. Et même si cela fait parfois mal, cela laisse toujours des traces. Surtout, en soi.

Alors respirez : ce n'est pas une course, c'est une façon d'habiter soi-même

Être soi-même n'est pas une conquête, c'est un acte quotidien. Vivre avec les portes ouvertes ne signifie pas que vous n'aurez plus jamais peur, que vous ne faiblirez pas ou que vous en avez fini avec tout. Cela signifie que vous avez choisi d'arrêter de vous cacher, même si vous avez peur de ce qu'ils pourraient voir. C'est se lever le matin et, avec toutes les contradictions sur les épaules, se dire : « même avec tout ça, c'est quand même moi... Et ce n'est pas grave.

Revenir vers vous n'est pas toujours épique. Parfois, c'est fatigant. Parfois, vous ne savez même pas quelle partie de vous va revenir. Mais choisissez de le faire quand même, parce que vous avez déjà goûté à ce que c'est que de vivre avec la porte fermée et vous ne voulez pas revenir en arrière. Vous avez appris que se cacher peut vous protéger pendant un certain temps, mais cela vous freine également. Et cette ouverture, même si elle fait mal, vous permet de vraiment respirer.

Vous aurez des jours où ce sera difficile pour vous. Des jours où vous doutez de vous, où vous vous sentez ridicule d'avoir montré tant de choses, où vous ne savez pas à quel point il était confortable de faire semblant. Mais la différence maintenant, c'est que vous savez reconnaître quand vous éteignez. Et il sait aussi que vous n'êtes pas obligé d'y rester. Car tu as déjà appris le chemin du retour vers ta vérité, même si parfois tu te traînes à travers elle.

Il n'y a pas de prime pour cela. Il n'y a pas de trophée pour l'authenticité, il n'y a pas d'ovation pour le courage émotionnel. Il y a quelque chose de beaucoup plus calme, mais plus précieux : la paix. Cette paix tiède qui vient lorsque vous cessez de négocier avec vous-même pour plaire aux autres. Ce sentiment de cohérence qui s'établit lorsque son intérieur et son extérieur coïncident enfin.

Et vous n'avez pas besoin que tout le monde vous comprenne. Ils ne l'applaudissent pas non plus. Ou qu'ils vous suivent. Vous avez juste besoin de continuer à marcher avec la certitude que votre vérité, aussi rare, blessée ou changeante soit-elle, tient toujours. Parce que vous n'êtes pas là pour vous intégrer. Vous êtes ici pour vivre.

Donc, si aujourd'hui vous vous sentez plus fermé que d'habitude, ne vous jugez pas. Respirer. Se reposer. Et n'oubliez pas que cette porte peut s'ouvrir à nouveau. Que c'est déjà comment faire. Que nous ne partons pas de zéro. Vous revenez à vous-même. Encore une fois. Et avec de plus en plus de vérité.

.

Réaffirmation : l'authenticité comme plus grand acte d'amour de soi et de résilience

Être soi-même dans un monde qui vous demande chaque jour d'être autre est, sans aucun doute, un acte révolutionnaire. Pas une révolution avec des banderoles ou des discours au mégaphone (même si c'est exactement comme ça), mais une révolution intime, parfois silencieuse, mais puissante. Choisir votre vérité plutôt que l'acceptation facile, votre chemin au-dessus des attentes des autres, votre voix au-dessus du bruit collectif est une façon de vous dire à l'oreille : je vous respecte assez pour ne pas vous trahir. Et cela, dans les moments où faire semblant semble plus confortable, est l'amour de soi dans sa version la plus pure et la plus féroce.

Il ne s'agit pas seulement de s'aimer soi-même, il s'agit d'arrêter de s'abandonner

L'authenticité ne consiste pas à « s'aimer soi-même », comme le répète l'industrie du bien-être entre tisanes et oreillers aromatiques. Il s'agit d'arrêter de se trahir pour s'intégrer. Ne pas inventer l'âme pour plaire à tout le monde. Parlez, même si vous tremblez, dites non, même si vous vous sentez coupable, restez, même s'ils veulent bouger et partir, même s'ils vous demandent de rester. Aimer son authenticité, c'est prendre soin de soi comme on prend soin des plus fragiles : avec fermeté, avec tendresse, avec présence.

Résistez sans lever le poing, mais sans baisser la tête

Être authentique, c'est aussi résister. Parce que lorsque vous refusez de vous conformer aux règles de ce qui est acceptable, vous défiez le système sans avoir à vous battre. Vous dites : je n'ai pas besoin de votre permission pour exister de cette façon. Eh oui, cela le met mal à l'aise. Parfois ennuyeux. Mais elle transforme aussi. Parce que chaque fois que quelqu'un se présente sans s'excuser, il ouvre un trou dans le mensonge collectif selon lequel nous devrions tous être les mêmes. Son authenticité ne la défend pas seulement : elle défend le droit de chacun à être différent, imparfait, profondément réel.

L'aimer comme ça, sans sous-titres ni maquillage, ce n'est pas de l'ego... C'est l'intégrité

Accepter ses contradictions, ses lenteurs process, son intensité émotionnelle, ses idées étranges, ses changements de cap, ses silences inconfortables, est une manière de s'habiter sans honte. Et cela, dans un monde qui exige d'être stable, efficace et décoratif, est une résistance émotionnelle. Vous n'avez pas besoin d'être parfait pour en être digne. Vous n'avez pas besoin d'être guéri pour être complet. Il suffit d'arrêter de modifier de peur de se sentir mal à l'aise.

Son authenticité façonne l'espace pour ceux qui ne sont pas encore encouragés

Lorsque vous choisissez de ne pas vous cacher, vous ne faites pas seulement du bien à vous-même : vous devenez aussi une référence pour les autres. Des gens qui vous regardent de loin et se disent « si elle peut, s'il ose, peut-être moi aussi ». Vous ne le saurez pas toujours. Ils ne vous remercieront pas devant vous. Mais sa simple présence, fidèle à lui-même, est déjà une fissure lumineuse dans le mur de la revendication collective.

Parce qu'être soi-même, sans s'excuser, sans demander la permission, sans mesurer l'impact, c'et s'aimer vraiment

Et quand vous vous aimez ainsi, non pas dans le miroir ou autre, mais à la racine, vous commencez à vivre à partir d'un endroit où vous n'avez pas besoin d'applaudissements pour valider votre existence. L'authenticité est l'acte le plus radical de l'amour de soi, car il ne cherche pas à l'orner, mais à l'honorer. Et c'est l'acte de résistance le plus profond car, même si vous savez qu'être vous-même peut vous coûter cher, vous décidez qu'il n'y a rien de plus cher que de se perdre.

Alors, oui, réaffirmez-vous. Tous les jours. Même s'il tremble. Même s'ils ne comprennent pas. Même si cela vous dérange. Parce que le monde n'a pas besoin de copies plus instruites. Nous avons besoin de plus de personnes qui ont le courage d'être qui elles sont... sans baisser le volume. Et vous, en étant vous-même, êtes déjà en train de changer les règles du jeu.

Jusqu'à la fin du livre, mais jamais jusqu'à la fin du chemin

Cher lecteur, cher lecteur, chère âme courageuse qui est arrivée jusqu'ici :

Si vous lisez ces lignes, c'est parce que dans un coin de votre histoire il y a des blessures que l'on ne voit pas toujours, des silences qui pèsent plus que les cris, ou des batailles que vous menez seul, parfois même contre vous-même. Cette lettre s'adresse à vous. Pour ceux qui ont été définis comme « différents » avec la même intention avec laquelle les autres jettent des pierres. Pour ceux qui se sentaient dans une pièce pleine de monde et, même ainsi, complètement seuls. Pour ceux qui en ont marre d'expliquer pourquoi ils ne s'intègrent pas, pourquoi ils n'obéissent pas, pourquoi ils ne baissent pas la tête.

Cette carte est pour vous qui êtes gay et qui avez appris à lire les regards avant de lire les mots. Pour toi qui t'es caché pendant tant d'années de peur de perdre l'amour de ceux qui disaient t'aimer. Permettez-moi de vous dire quelque chose de clair, direct, émouvant : il n'y a rien à guérir en vous. Votre identité n'est pas une erreur, c'est un acte de courage. Votre désir n'est pas une déviation, c'est une belle façon de ressentir. Son existence ne nécessite pas d'autorisation. Respirez profondément et rappelez-vous que vous n'êtes pas seul. Vous faites partie d'une lignée de personnes qui ont brisé le moule pour construire un monde plus digne.

Cette lettre s'adresse aussi à vous qui, à cause de la couleur de votre peau, de votre accent, de votre nom ou de votre histoire, avez été considérés avec suspicion ou traités comme inférieurs. Le problème, ce n'est pas vous, c'est le racisme, et même s'ils veulent vous convaincre que vous exagérez, que ce n'est qu'une blague, que « c'est la vie », ne vous taisez pas. Parce que chaque fois que vous dénoncez une injustice, vous démantelez une vieille structure. Ne vous intégrez pas dans une société qui vous demande de rétrécir. Développer. Occupez l'espace qui vous appartient de droit. Vous êtes l'héritage, la force et les possibilités.

Et pour vous, qui ne vous laissez pas emporter par la mode, qui ne pensez pas comme tout le monde, qui n'applaudissez pas ce qui ne vous convainc pas : merci. Vous n'êtes pas fou. Vous n'êtes pas problématique. On a besoin de vous. Dans un monde de copies, votre libre pensée est une offrande. Il continue à se remettre en question, il continue à choisir autrement, il continue à créer des manières d'habiter ce que les autres ne font qu'imiter. Même s'ils vous traitent de rebelle, même s'ils veulent vous dompter, rappelez-vous que chaque révolution commence par quelqu'un qui en a marre de faire semblant.

À vous, une femme qui élève la voix dans un monde qui exige encore que vous souriez et obéissiez, je vous embrasse avec tout le respect. Vous êtes un géant. Et même si certains sont encore mal à l'aise avec votre pouvoir, rendez-les inconfortables. Vous n'êtes pas venu pour le plaisir : vous êtes venu pour vous transformer. Chaque fois que vous parlez, vous montrez la voie. Chaque fois que vous ne vous permettez pas de vous taire, vous réécrivez une histoire qui a été précédemment racontée sans vous. Ne l'atténuez pas. N'adoucissez pas votre vérité. Le monde a besoin de votre rugissement autant qu'il a besoin de vos peluches.

Et pour vous, qui êtes en désaccord avec un gouvernement, avec un système, avec une autorité qui utilise le pouvoir pour opprimer, ne vous excusez pas d'être en désaccord. Vous n'êtes pas un traître. Vous n'exagérez pas. Vous éveillez la conscience. Élever la voix face à l'injustice n'est pas de la rébellion : c'est de la dignité. L'histoire est pleine de gens qui ont été réduits au silence pour avoir pensé différemment. Mais il est aussi écrit par ceux qui n'ont jamais cessé d'avoir leur mot à dire. Devenez l'un d'entre eux. Sa voix fait partie d'une vérité qui n'a pas encore été pleinement prononcée.

Cette lettre est en fait une invitation. Continuer. Résister. Prenez une grande respiration lorsqu'ils veulent le pousser dans le moule. N'oubliez pas qu'être vous-même est votre plus grande forme de protestation, d'amour et de liberté. Il n'y a pas de chemin direct vers l'authenticité. Il y a des jours de doute, de peur, de fatigue. Mais il y a aussi des moments de clarté, de connexion profonde, de fierté sans culpabilité. Et croyez-moi : cela en vaut la peine.

Alors, qui que vous soyez, où que vous soyez, avec l'histoire que vous portez, les cicatrices que vous cachez et les rêves que vous n'osez toujours pas dire à voix haute... Allez. Pas parce que c'est facile. Mais parce que c'est réel. Et la réalité, en fin de compte, est la seule chose qui nous sauve.

Avec tout le respect que je vous dois,

Avec tout mon espoir,

Et avec la certitude que, en étant vous-même, vous êtes déjà en train de changer le monde :

Merci d'exister sans demander pardon.

Merci de ne pas abandonner.

Merci d'avoir ouvert votre porte.

Et voilà.

Et nous y voilà.

Ensemble.

À propos de l'auteur

Alina A. Rubi est une psychologue, écrivaine et éducatrice qui se passionne pour le pouvoir des mots et de l'écoute pour transformer des vies. Au fil des ans, elle a consacré sa carrière à accompagner les gens dans leurs processus de connaissance de soi, de guérison émotionnelle et de développement personnel, toujours dans une perspective chaleureuse, respectueuse et profondément humaine.

Diplômée en psychologie, Alina s'est spécialisée dans le travail sur les liens familiaux, les dynamiques interpersonnelles et les modèles appris dès l'enfance. Son approche intégrative combine une théorie solide avec un regard acéré et empathique sur les expériences uniques de chacun. Elle a travaillé à la fois dans des consultations individuelles, des ateliers et des espaces de groupe, aidant les autres à comprendre la racine de leurs blessures émotionnelles, à établir des limites saines et à redéfinir leur relation avec eux-mêmes et les autres.

Alina croit fermement que la psychologie n'est pas seulement un domaine d'étude, mais un pont vers la liberté personnelle. C'est pourquoi elle consacre une bonne partie de son temps à l'écriture, convaincue que les connaissances psychologiques doivent être à la portée de tous. Ses textes, accessibles et réfléchis, tentent d'éclairer des sujets souvent tabous, tels que les traumatismes familiaux, les sentiments de culpabilité, la difficulté à dire « non » ou le poids des loyautés invisibles. Son style combine la rigueur professionnelle avec un langage simple et souvent humoristique, pour aider à digérer des vérités qui peuvent être inconfortables mais nécessaires.

En plus de sa pratique clinique et de son aspect rédactionnel, Alina a également participé à des programmes de formation pour les professionnels et collaboré à des projets communautaires axés sur la santé mentale. Il s'intéresse particulièrement à la prévention : enseigner à reconnaître les schémas nocifs avant qu'ils ne se perpétuent de génération en génération. Pour elle, briser les cycles familiaux n'est pas un acte de trahison, mais le plus grand signe d'amour possible : la décision consciente de ne pas hériter de la même douleur des autres.

Fervente défenseure du pouvoir de l'écoute, Alina croit que de nombreuses blessures ne commencent là où personne ne pouvait ou ne voulait vraiment ressentir. C'est pourquoi, lors de votre consultation, vous donnez de l'espace à toutes les voix : même les parties les plus blessées, en colère ou embarrassées de chaque personne. Son but est que chacun puisse se réconcilier avec sa propre histoire, la renouveler et vivre avec plus d'authenticité et de paix.

Aujourd'hui, Alina Rubi continue d'écrire, d'assister, d'enseigner et d'apprendre. Son travail témoigne de sa profonde conviction : nous méritons tous de construire une vie dans laquelle nous n'avons pas à choisir entre aimer les autres et nous respecter. Car pour elle, la psychologie est bien plus qu'un métier : c'est un outil permettant à chacun de devenir un narrateur conscient et compatissant de sa propre histoire.

www.ingramcontent.com/pod-product-compliance
Lightning Source LLC
LaVergne TN
LVHW040434051026
849517LV00002B/601
* 9 7 9 8 2 3 1 8 9 2 7 1 6 *